Bruno Schulz

Die deutsche Nordsee

Ihre Küsten und Inseln

Bruno Schulz

Die deutsche Nordsee

Ihre Küsten und Inseln

ISBN/EAN: 9783954272617
Erscheinungsjahr: 2013
Erscheinungsort: Bremen, Deutschland

© maritimepress in Europäischer Hochschulverlag GmbH & Co. KG, Fahrenheitstr. 1, 28359 Bremen. Alle Rechte beim Verlag und bei den jeweiligen Lizenzgebern.

www.maritimepress.de | office@maritimepress.de

Bei diesem Titel handelt es sich um den Nachdruck eines historischen, lange vergriffenen Buches. Da elektronische Druckvorlagen für diese Titel nicht existieren, musste auf alte Vorlagen zurückgegriffen werden. Hieraus zwangsläufig resultierende Qualitätsverluste bitten wir zu entschuldigen.

Die deutsche Nordsee,
ihre Küsten und Inseln
von
Prof. Dr. Bruno Schulz

Mit 102 Abbildungen, darunter 19 in Farben-
und Doppeltondruck und 2 farbigen Karten

1928

Bielefeld und Leipzig

Verlag von Velhagen & Klasing

Inhalt

	Seite
I. Einleitung	1
II. Bau und Entstehung des Landes	1
1. Der Untergrund und die eiszeitlichen Ablagerungen	1
2. Die Marsch und das Watt	9
3. Die Dünen	22
4. Die Frage vertikaler Bewegung des Landes	26
III. Das Meer in der Deutschen Bucht	26
1. Tiefen und Bodenbedeckung	26
2. Physikalische und chemische Eigenschaften des Meerwassers	28
3. Wellen, Gezeiten, Meeresströmung	44
4. Sturmfluten	52
5. Küsten- und Hochseefischerei	60
IV. Das Klima	70
V. Das Küsten- und Inselgebiet nördlich der Elbe	73
VI. Das Küsten- und Inselgebiet westlich der Elbe	84
VII. Helgoland	90
VIII. Schlußbemerkung	104
IX. Literatur	106
Verzeichnis der Abbildungen	108
Register	110

I. Einleitung

Die deutsche Nordseeküste bildet nur einen kleinen Teil der Umgrenzung unseres Vaterlandes, so gering auch ihre Ausdehnung, um so größer aber ihre Bedeutung. Vermittelt in erster Linie sie doch zusammen mit den in die Nordsee mündenden deutschen Strömen Elbe und Weser den Zutritt zum Meere und damit weiterhin zur überseeischen Welt! Diese bevorzugte geographische Lage ist die Ursache, daß die an der Küste ansässige Bevölkerung schon früh Seefahrt trieb und dadurch Berührung mit anderen Ländern gewann, viel früher und in weit stärkerem Maße als die Bevölkerung des Binnenlandes. Die Friesen waren Vorkämpfer für die sich langsam entwickelnde deutsche Seefahrt, Kämpfer aber auch in anderer Beziehung! Der Boden der deutschen Nordseeküste ist hart umstrittenes Gebiet, die Geschichte jeder einzelnen Insel und auch der Marschen ist eine Geschichte des Kampfes mit dem Meere, in dem der Mensch nicht immer Sieger blieb; weite Strecken fruchtbaren, dicht besiedelten Gebietes sind ihm im Laufe der Zeit vorübergehend oder dauernd entrissen worden. In jahrhundertelanger zäher Arbeit ist die Grenze zwischen Meer und Land so geworden wie wir sie heute sehen und das Meer ist Feind und Freund der Bewohner unserer Küsten und Inseln zugleich. — Dem aus dem Binnenlande kommenden Besucher unseres Nordseeküstengebietes tut sich hier eine neue Welt auf; über die wesentlichsten ihm bei Fahrten über das Meer sowie bei Wanderungen durch die Inseln und den Küstensaum auffallenden Erscheinungen wollen wir im folgenden einen Überblick gewinnen.

II. Bau und Entstehung des Landes

1. Der Untergrund und die eiszeitlichen Ablagerungen

Zwischen dem mitteldeutschen Gebirgslande und der Nordsee erstreckt sich der westliche Teil des sich von West nach Ost allmählich verbreiternden „norddeutschen Tieflandes". „Tieflandes", aber nicht „Tiefebene", wie man häufig sagen hört, denn eben ist dies Land nur in beschränkten Gebieten, weite Strecken weisen ein recht unruhiges Gelände auf, man denke nur an das Schleswig-Holsteinische Seengebiet, die Lüneburger Heide usw., wo die dort auftretenden Höhenunterschiede und die dadurch geschaffenen reizvollen Landschaftsbilder zu Namen wie „Holsteinische Schweiz", „Harburger Schweiz" usw. Veranlassung gegeben haben. Allerdings wird der aus den gebirgigen Teilen Deutschlands zum ersten Male in den Bereich der deutschen Nordseeküste Kommende sein Auge auf die hier auftretenden Oberflächenformen erst einstellen müssen, um sie in ihrer Bedeutung für die Geschichte des Landes voll erfassen zu können. Die größten Höhen, welche das norddeutsche Tiefland in der Umrahmung der deutschen Nordsee erreicht, sind 169 m im Wilseder Berg in der Lüneburger Heide und 164 m im Bungsberg, nordöstlich von Eutin, während andererseits an manchen Orten des Küstengebietes die Landoberfläche bis unter den Meeresspiegel hinabreicht.

Wie die geologischen Untersuchungen gezeigt haben, setzen sich die das mitteldeutsche Gebirgsland zusammensetzenden Gesteine auch nördlich vom Harz und Teutoburger Walde in der Tiefe und zwar ebenfalls mit unruhiger Oberfläche fort; darauf deuten die an zahlreichen Stellen an der Oberfläche oder in geringer Tiefe Norddeutschlands inselartig auftretenden älteren Gesteine, die nach ihrer

Zusammensetzung und den darin aufgefundenen Spuren von Lebewesen als aus dem Altertum und Mittelalter der Erde stammend nachgewiesen sind. Die ältesten im Bereiche der deutschen Nordseeküste aufgefundenen Gesteine entstammen dem Perm, der jüngsten Periode des Archaikums, des Altertums der Erdgeschichte.

Zu jener Zeit war Norddeutschland von einem Meer, dem sog. „Zechsteinmeer", bedeckt, das mit dem Ozean in nur geringer, später ganz unterbrochener Verbindung stand. Infolge des damals in unserer heutigen Gegend herrschenden Tropenklimas überwog die Verdunstung den Niederschlag und es bildete sich durch die fortgesetzte Verdunstung von Meerwasser allmählich in dem Zechsteinmeer eine langsam konzentrierter werdende Salzlösung, aus der schließlich die gelösten Salze zur Abscheidung gelangten; es entstanden auf dem Grunde der Meeresbucht Lager von Kalk, Anhydrit, Gips, Steinsalz und Kalisalzen; darüber breiteten sich später Tone und andere Gesteinsbildungen aus. Die Tone spielen eine besonders wichtige Rolle, weil sie wegen ihrer Wasserundurchlässigkeit die darunter liegenden Salze vor Auflösung im weiteren Verlaufe der Erdgeschichte schützten. Diese Zeugen einer der heutigen so ganz entgegengesetzten Zeit sind nun vielfach in der näheren Umrahmung der deutschen Nordsee festgestellt worden. Bei Lieth unweit Elmshorn, in Langenfelde bei Hamburg und auch bei Stade hat man Tone permischen Alters gefunden, sie werden heute abgebaut und zur Herstellung von Ziegelsteinen verwendet. Das bei Segeberg im 91 m hohen Gipsberg zutage tretende, an Höhlen reiche Gestein entstammt ebenfalls dieser Zeit. Die Solquellen bei Segeberg, bei Oldesloe und Bramstedt, auf die im wesentlichen das Aufblühen dieser Orte zurückzuführen ist, verdanken ihren Salzgehalt den permischen Steinsalzlagern, die z. T. unter dem Gips erbohrt worden sind. Die in der Lüneburger Heide in der Tiefe vorhandenen Zechsteinablagerungen sind indirekt bedeutungsvoll, weil in ihren Randzonen Erdöllagerstätten auftreten, die zu ausgedehnten Bohrungen zur Erdölgewinnung Anlaß gegeben haben. Auch das etwas südlich von Heide in Holstein bei Hemmingstedt

Abb. 2. Helgoland, Straßenbild vom Oberland (Zu Seite 90)

Abb. 3. Helgoland, von der Düne aus gesehen (Zu Seite 90)

erbohrte Erdöl steht im Zusammenhang mit dort durch Bohrung in 504 bis 1664 m Tiefe festgestellten Zechsteinablagerungen. Auf der Bahnfahrt nach Sylt sieht man kurz vor Heide die Bohranlagen; es ist jedoch wegen zu hoher Betriebskosten nicht gelungen, die Erdölgewinnung zu einiger Bedeutung zu bringen.

Auch aus den auf das Perm folgenden Perioden der Erdgeschichte stammende Gesteinsbildungen treten bei uns nahe der Oberfläche auf; bei Helgoland haben wir Gesteine aus der Trias und Kreide (s. S. 94), bei Lüneburg außer Ablagerungen aus dem Zechstein ebenfalls solche aus Trias und Kreide; auch bei Hemmoor zwischen Cuxhaven und Stade, bei Lägerdorf südöstlich von Itzehoe, weiter bei Hemmingstedt oberhalb der Zechsteinablagerungen finden sich mächtige Ablagerungen aus der Kreidezeit, die bei Hannover, Lüneburg und Lägerdorf die Grundlage zu ausgedehnten Zementindustrien gegeben haben; die Anlagen bei Hemmoor fallen auf der Bahnfahrt von Hamburg nach Cuxhaven in die Augen.

Die Oberfläche des paläozoischen und mesozoischen Grundgebirges ist, soweit wir darüber durch zutage tretendes Gestein und durch Bohrungen unterrichtet sind, außerordentlich unregelmäßig und zwar veranlaßt durch Verschiebungen in der Erdkruste und die Einwirkung der Verwitterung und des fließenden Wassers.

Abb. 4. Helgoland, Unterland, oben der Falm (Zu Seite 90)

Nur zum Teil wurden diese Unebenheiten während des Tertiärs ausgeglichen. Diese älteste Periode der Neuzeit der Erde*) war für unser Gebiet äußerst wechselvoll, und die Grenze zwischen Meer und Land verschob sich stark; mächtige Tone sind erhalten, sowie heute meist in größerer Tiefe lagernde Braunkohlenflöze von 1 bis 2 m Mächtigkeit; diese sind früher auf der Ostseite von Sylt, an der Küste zwischen Keitum und Morsum, zutage tretend gefunden worden. Langsam wurde das Klima während der Tertiärperiode kühler, bis schließlich wohl ähnliche klimatische Verhältnisse wie sie hier heute herrschen, erreicht wurden, aber die Abkühlung setzte sich weiter fort, und es begann jene Periode der Erdgeschichte, die für die heutige Oberflächengestaltung des norddeutschen Tieflandes in erster Linie maßgebend geworden ist, die Eiszeit.

Über die Ursache dieser Klimaverschlechterung weiß man nichts Sicheres. Man hat vermutet, daß während der Eiszeit der Kohlensäuregehalt der Atmosphäre infolge vorhergehender (während des Tertiärs) erhöhter vulkanischer Tätigkeit auf der Erde größer als vorher und nachher gewesen sei und infolgedessen die Durchlässigkeit der Atmosphäre für die Wärmestrahlen von der Sonne geringer. Weiter hat man angenommen, daß langsame periodische Veränderungen in der Gestalt der Bahn der Erde um die Sonne und in der Lage der Erdachse zur Erdbahn eine Verminderung der von der Sonne zugestrahlten Wärme bedingt habe. Andere Forscher rechnen damit, daß der Nordpol während der Eiszeit unserem Gebiete erheblich näher gelegen habe. Bestechend ist die sog. Verschiebungstheorie von Alfred Wegener, der sowohl eine Wanderung der Pole wie auch eine Beweglichkeit der Kontinente annimmt, und dessen Ansicht u. a. den Vorzug hat, die nordamerikanische und nordeuropäische Vereisung einheitlich zu erklären; kurz, es ist im Laufe der Zeit eine ganze Reihe von interessanten und geistvollen Hypothesen aufgestellt worden, aber keine ist ohne Widerspruch geblieben, so daß uns eine allgemein anerkannte Erklärung für die Entstehung der Eiszeit noch fehlt.

Man hat berechnet, daß die verhältnismäßig geringe Abkühlung von etwa 2 bis 4° schon genügend gewesen sein muß, um die Zustände, die wir für die Eiszeit annehmen, hervorzurufen. Die Niederschläge gingen auf das heutige Skandinavien und Finnland im wesentlichen in fester Form hernieder; und da das Abschmelzen während der wärmeren Zeiten des Tages und des jährlichen kurzen Sommer nicht hinreichte, um den gesamten als Schnee gefallenen Niederschlag zu verflüssigen und auch bei dem herrschenden feuchten Klima ebenfalls die Verdunstung nicht stark genug war, den Schnee zu beseitigen, sammelten sich gewaltige Schneemassen an, wie es heute noch in geringerem Maße in den Alpen und auch im norwegischen Hochgebirge geschieht. Wie es dort auch heute noch der Fall ist, wurde durch den Druck der in den tieferen Lagen zu Eis zusammengepreßte Schnee plastisch und dem Gefälle folgend in riesigen Gletschern langsam nach den Rändern des Vereisungsgebietes hinbewegt, soweit, bis allmählich Verdunstung und Abschmelzen überwogen und das Eis verschwand. Auf dem antarktischen Kontinent und auch auf Grönland haben wir heute noch ähnliche Erscheinungen der Vereisung wie sie damals über Nordeuropa geherrscht haben. Zur Zeit der maximalen Ausdehnung des nordeuropäischen diluvialen Inlandeises erstreckte es sich bis weit in das Innere von Rußland hinein, bis an den Rand der deutschen Mittelgebirge, bis an die Rheinmündung und bedeckte fast die ganzen britischen Inseln, es war also der ganze Bereich der deutschen Nordseeküste und die Deutsche Bucht selbst vollständig vom Eise bedeckt. Jedoch hat die Südgrenze des Eises im Verlaufe der Eiszeit stark geschwankt. Es sind Anzeichen dafür vorhanden, daß sich das Eis vorübergehend so weit zurückzog, daß sich reicher Pflanzenwuchs in unserem Gebiete entwickeln

---

*) Die Neuzeit der Erde teilen wir ein in Tertiär, Diluvium und Alluvium (Jetztzeit).

Abb. 5. Sturm bei Helgoland. Links im Hintergrund die Düne, rechts die Biologische Anstalt. Aufnahme F. Schensky, Helgoland (Zu Seite 40, 45, 50)

Abb. 6. Inneres der Kirche auf Helgoland (Zu Seite 90)

konnte, und man nimmt an, daß die Eiszeit durch zwei wärmere Zwischeneiszeiten oder Interglazialzeiten unterbrochen worden ist, so daß das Eis also dreimal weitere Vorstöße gemacht hat.

Welche Wirkung hat das Eis nun auf die Gestaltung des Erdoberfläche ausgeübt? In den skandinavischen Gebieten, wo die Eisdecke mehrere Kilometer mächtig gewesen sein muß, wurde durch das über den Boden hinweggepreßte Eis aller lose auflagernde Schutt, der sich durch die Verwitterung während früherer geologischer Perioden gebildet hatte, fortgeführt und der anstehende Fels glattgeschliffen, in den südlicheren Abschmelzgebieten jedoch gelangten parallel mit dem allmählichen Abschmelzen des Eises das mitgeführte Gestein und Gesteinsmehl in Bildungen zur Ablagerung, die wir als Moränen bezeichnen. Je nachdem, ob das Material am Grunde des abgeschmolzenen Eises flächenhaft zur Ablagerung gelangte oder am Ende des Inlandeises in lang ausgedehnten Wällen, unterscheidet man Grund- und Endmoränen. Die Grundmoräne, der wir an der Nordseeküste und auch auf den Inseln mehrfach begegnen werden, besteht aus einer ungeschichteten, sandig-tonigen Grundmasse, die aus der in Skandinavien ehemals auflagernden Verwitterungsdecke und aus während des Eistransportes zerriebenem festen Gestein entstanden ist; sie bildet die sog. „Geest". In die Grundmasse sind in wechselnder Häufigkeit Gesteinsblöcke von verschiedenster Gestalt und Größe, sog. „Geschiebe" eingebettet. Bemerkenswert ist, was die einfachste Beobachtung bereits lehrt, daß die eingebetteten Gesteine meist kantig und nicht gerundet sind. Dies ist ein Beweis dafür, daß sie nicht vom Wasser transportiert sind, denn vom Wasser verfrachtete „Gerölle" sind gerundet. Die in der Grundmoräne zu findenden Gesteinsblöcke sind ganz anderer Art als die bei uns an vereinzelten Stellen anstehenden Gesteine. Es handelt sich meist um skandinavische Ur- oder paläozoische Gesteine. Ihre nähere Untersuchung und der Vergleich mit den in Skandinavien und Finnland sowie auf den Ostseeinseln anstehenden Gesteinen hat vielfach die Heimat dieser sog. „Geschiebe" erkennen lassen. Für solche Feststellungen eignen sich natürlich am besten besonders charakteristische Gesteine, wie der Granit von den Alands-Inseln, „Rapakivi" genannt u. a., die man auch wohl als „Leitgeschiebe" bezeichnet hat. Es hat sich herausgestellt, daß wir in unserem Gebiete sowohl sog. baltische Geschiebe aus der nördlichen Umrahmung der Ostsee haben wie auch solche aus Norwegen. Weiter hat man feststellen können, daß im Laufe der Eisbedeckung die Richtung, aus der das Eis über unser Gebiet hinwegbewegt wurde, gewechselt hat; entsprechend überwiegen die norwegischen oder baltischen Geschiebe in der Grundmoräne. Die soeben beschriebenen Bildungen wurden auf dem Grunde des in Norddeutschland allmählich schwindenden Eises abgelagert. Das bis an das Ende des Gletschers mitgeführte Material kam dort zur Ablagerung und, wenn der Eisrand längere Zeit an derselben Stelle blieb, entstanden langgestreckte Wälle, die Endmoränen. Auch hier handelt es sich um Gesteinsblöcke, die in eine feinere Grundmasse eingebettet sind, doch ist diese meist kiesig, weil das feinere Gesteinsmaterial durch die vom Eisrande abfließenden Schmelzwässer fortgeführt worden ist; stellenweise sind nur grober Kies und größere Steine zurückgeblieben, so daß man dort von Blockpackungen spricht.

Die Endmoränen haben für die Erforschung der Ausbreitung des Eises während der Eiszeit eine besondere Bedeutung, weil sie uns klar die Grenze der Eisbedeckung anzeigen. Meist blieb der Eisrand auch bei den sog. Stillstandslagen nicht immer genau an derselben Stelle, sondern innerhalb einer verhältnismäßig schmalen Zone, so daß die Endmoränen meist nicht aus einem einzigen Wall, sondern aus mehreren hintereinander liegenden Höhenrücken bestehen und die Breite solcher Endmoränengebiete zwischen mehreren hundert Metern und mehreren Kilometern schwanken kann. Bei einem späteren nochmaligen Vorrücken des Eises wurden diese Endmoränen allerdings wieder zerstört und das sie

Abb. 7. Helgoländerinnen in heimischer Tracht (Zu Seite 102)

Abb. 8. Schobüll. Kreis Husum. Die Geest grenzt dort ohne Marschvorland unmittelbar an das Meer
Aufnahme Dr. H. Halste, Hamburg (Zu Seite 9. 10)

aufbauende Material vom Eise wieder mit fortgeführt, um später anderswo in einer neu gebildeten Grund= oder Endmoräne abgelagert zu werden. Die heute erhaltenen Endmoränen sind also während des letzten Rückzuges des Eises aus dem betreffenden Gebiete entstanden. Besonders bemerkenswert ist der große Schleswig=Holstein durchziehende Endmoränenzug, der die letzte langandauernde Stillstandslage des Eises in unserem Gebiete anzeigt und zwar während des letzten großen Eisvorstoßes nach der zweiten Interglacialzeit. Sie ist eine wichtige Grenze in bezug auf die Oberflächengestalt des Landes, östlich und nördlich von ihr sind die vom Eise geschaffenen Oberflächenformen verhältnismäßig frisch erhalten, während westlich und südlich dieser Grenze bereits eine weitgehende Zerstörung eingetreten ist. Die Umrandung der Deutschen Bucht gehört ganz zum Bereiche der älteren eiszeitlichen Oberflächenformen.

Die in Anbetracht der gewaltigen Masse des schwindenden Eises beträcht= lichen Schmelzwässer haben vor den Endmoränen ausgedehnte sandige Ab= lagerungen erzeugt, die sog. Sande, die besonders im westlichen Schleswig=Holstein typisch ausgebildet sind. Weiterhin sammelten sich die Schmelzwasser zu ge= waltigen Strömen, die dem Gefälle folgend dem Meere zueilten und breite Täler ausarbeiteten, die sog. Urstromtäler. Parallel mit dem allmählichen Rück= gang des Eises gegen das Ende der Eiszeit bildete sich eine ganze Reihe von Urstromtälern. Für das Gebiet des Rheines und der Ems ist der Verlauf dieser eiszeitlichen Ströme erst sehr unsicher erkannt, mit mehr Sicherheit kann man ein von Breslau über Magdeburg nach Bremen zur Wesermündung führendes Urstromtal erkennen, ferner das sog. Glogau—Baruther, das Warschau—Berliner und das Thorn—Eberswalder Urstromtal, die alle drei in einen das heutige Elbtal unterhalb der Havelmündung erfüllenden eiszeitlichen Strom mündeten. Entsprechend der Masse des abfließenden Wassers sind damals Täler von großer Breite ausgearbeitet worden. Einen guten Begriff bekommt man hiervon, wenn man vom Geestrand nördlich der Elbe, etwa zwischen Blankenese und Bergedorf, hinüber nach dem südlichen Geestrand blickt über das hier etwa 8 bis 15 km breite Elbtal. Als das Eis noch die Ostsee bedeckte, sich aber doch schon bis nördlich der Elbe und von der Nordsee zurückgezogen hatte, sind durch dies breite Elbtal die vom Südrand des Eises abfließenden Schmelzwasser vom Innern Rußlands her der Nordsee zugeflossen.

Die Mächtigkeit der vom Eise geschaffenen Ablagerungen schwankt sehr. Wir haben bereits Orte kennen gelernt, wo älteres Gestein zutage tritt, also eiszeitliche Ablagerungen fehlen, wenn sie auch vielleicht ursprünglich nach dem Rückzug des Eises in geringer Mächtigkeit vorhanden gewesen sein mögen. An anderen Stellen wurden aber im Gegensatz hierzu durch Bohrungen bis 300 m mächtige diluviale Ablagerungen festgestellt. Wenn man sich das durch das Eis aus dem Norden herbeigeschaffte Gesteinsmaterial aus Norddeutschland fortdenkt, so würde eine ausgedehnte unter dem Meeresspiegel liegende Niederung entstehen, die sog. diluviale Depression, deren Südgrenze etwa von der Rheinmündung über Arnheim, durch den Dollart, weiter südlich Bremen und nahe südlich der Elbe in die Gegend von Berlin und dann wieder nordwärts nach Stolp in Pommern führt. Dieses Gebiet ist also durch die eiszeitlichen Ablagerungen der heutigen Überschwemmung durch das Meer entzogen.

Nur an wenigen Stellen reichen die eiszeitlichen Ablagerungen, die Geest, bis an das Meer heran, so bei Schobüll (s. Abb. 8), Duhnen, Dangast usw. Meist haben wir unmittelbar am Rande des Meeres die Marschen mit den vorgelagerten Wattflächen oder die Dünenlandschaft. In einiger Entfernung von der Küste, vielfach am Rande von Marsch und Geest, tritt die weitere für Norddeutschland charakteristische Landschaft, das Moor, auf; für diese sei auf die Arbeit von Tacke und Lehmann, „Die norddeutschen Moore" in unserer Sammlung „Monographien zur Erdkunde" verwiesen.

2. Die Marsch und das Watt

Entlang der ganzen deutschen Nordseeküste sowie am Unterlauf der in die Deutsche Bucht mündenden Flüsse dehnen sich die Marschen. Sie bilden einen Streifen völlig ebenen Landes, welches die Bezeichnung „goldene" Marsch wegen seiner großen Fruchtbarkeit nicht zu Unrecht trägt. In zäher Arbeit ist dieses wirtschaftlich so bedeutungsvolle Gebiet dem Meere abgerungen worden und noch heute nur durch den schützenden Deich, den „goldenen Reif", der zeitweisen Überflutung durch das Meer entzogen.

Betrachten wir zunächst ihre Lage und Ausdehnung (Karte: „Die deutsche Bucht" am Schlusse des Buches). Im Norden östlich der nordfriesischen Inseln bildet die Marsch an der schleswigschen Küste nur einen schmalen Streifen, Nord-Fries-

Abb. 9. Queller auf Hallig Südfall. Aufnahme Dr. H. Halste, Hamburg (Zu Seite 16, 82)

land benannt, und die Geest grenzt mehrfach unmittelbar an das Wattenmeer, so nahe der heutigen Grenze, zwischen Rodenäs und Emmelsbüll, dem Gebiet der östlichen Verankerung des Hindenburgdammes zwischen Sylt und dem Festlande, weiter gegenüber von Nordstrand zwischen Wobbenbüll und Schobüll. Auch der Boden der Halligen gehört fast ganz der Marsch an. Größere Ausdehnung erreicht sie in der Halbinsel Eiderstedt sowie in dem sich südlich anschließenden Norder- und Süder-Dithmarschen. In breitem Saume begleitet sie weiter den Unterlauf der Elbe zu beiden Seiten bis oberhalb von Hamburg. Die Wilster Marsch, Kremper Marsch usw., dann die Vierlande, das Alte Land, Land Kehdingen, Land Hadeln gehören hierzu. Bei Duhnen tritt die Geest bis ans Meer heran, westlich davon liegen die sich bis Bremen hinziehenden Wesermarschen u. a. mit Land Wursten, Land Wührden, Osterstaden, Werderland,

Abb. 10. Roter Knurrhahn oder Petermann, mit lebhaften rötlichen und bläulichen Farben; die drei untersten Strahlen der Brustflossen sind frei und fingerförmig, in der Nähe des Bodens werden sie zum Gehen und Tasten benutzt (Zu Seite 104)

Blockland, weiter links der Weser Land Stedingen, Stadland, Butjadingen, von den Marschen westlich des Jadebusens ist besonders das Jeverland zu nennen. Südlich Langeoog dringt die Geest ähnlich wie bei Duhnen und Schobüll wieder dicht an die Küste vor; sie bildet hier die östliche Begrenzung der breiten Marschen des Mündungsgebietes der Ems, deren ausgedehntestes Gebiet schon jenseits der deutschen Grenzpfähle liegt und zu Holland gehört. Die Gesamtfläche der deutschen Marschen wird auf etwa 5500 qkm angegeben, etwa ein Drittel liegt nördlich der Elbe und zwei Drittel westlich davon.

Wie ist dieses für die ganze deutsche Volkswirtschaft wichtige Gebiet entstanden? Die Lage zu den Flußmündungen, besonders das allmähliche Ausklingen der deutschen Marschen nach Norden und die Lage der größten, der holländischen Marschen im Mündungsgebiet des Rheins, des größten deutschen Stromes, deutet schon auf den Ursprung der die Marsch aufbauenden Stoffe. In der Tat, der von den Flüssen mitgeführte Sand und Schlamm ist im wesentlichen das Material, aus dem die Marschen aufgebaut sind und auch noch fortgesetzt aufgebaut werden.

Abb. 11. Vor einigen mit Tangen besiedelten Steinen zwei Einsiedlerkrebse. Diese leben meist in Wellhornschnecken-Häusern, in denen ihr ungepanzerter Hinterleib Schutz findet. Wächst der Krebs, sucht er ein größeres Schneckenhaus. Diese Krebse befehden sich gegenseitig und fressen einander auf. Auf dem linken Schneckenhaus haben sich zwei Seepocken angebaut (Zu Seite 104)

Abb. 12. Taschenkrebs beim Verzehren der Beute. Auf seinem Rücken hat sich eine Seenelke angesiedelt. Rechts oben eine Schwimmkrabbe. Der Fisch im Vordergrund ein „Steinpicker". Unmittelbar über ihm eine Nacktschnecke. Rechts von ihr eine Wellhornschnecke (Zu Seite 104)

Nach den Untersuchungen von Seyfert enthält 1 cbm des Wassers der Weser in verschiedener Entfernung von der Mündung im Mittel die folgenden Mengen an schwebenden Teilchen: bei Bremerhaven etwa 290 gr, weiter flußaufwärts bei Elsewarden ca. 65 gr und wenig unterhalb von Bremen bei Retum 16 gr. Bei Hamburg schwankt die Menge der suspendierten Teilchen nach Wibbel und Hübbe etwa zwischen 18 und 110 gr in 1 cbm des Elbwassers. Die Zusammensetzung dieses Detritus hat man durch Untersuchung des Schlickabsatzes in der Unterelbe festgestellt. Es wurde gefunden nach Schucht:

	Sand %	tonhaltige Teile %	Phosphor P_2O_5 %	Stickstoff N %	Chlor Cl %	Kalk $CaCO_3$ %	Humus %
Hamburg (Kaltehofe)	25,6	74,4	0,44	0,52	Spur	1,09	14,66
Nienstedten (Insel Neßsall)	54,8	45,2	0,26	0,33	"	2,48	6,50
Schulau	27,7	72,3	0,21	0,12	"	5,23	2,25
Twielenfleth	37,1	62,9	0,23	0,21	"	5,38	3,78
Kollmar	20,8	79,2	0,33	0,24	"	6,63	4,41
Krautsand			0,21	0,15	"	6,89	2,48
Brokdorf	55,6	44,3	0,18	0,12	"	6,93	2,67
Brunsbüttel	47,2	52,6	0,17	0,16	0,16	6,84	3,10
Neufeld	50,8	49,2	0,20	0,12	0,17	7,38	2.17

Abb. 13. Das „Kuhlen". Ausgeschachtete Kleigrube in der Marsch (Land Hadeln). Aufnahme Dr. H. Halste, Hamburg
(Zu Seite 19)

Der Anteil des Sandes an den untersuchten Schlickproben schwankt stark, es gelangen in den Flußmarschen Schlicktone und Schlicksande in bunter Folge zur Ablagerung je nach den Strömungsverhältnissen, ganz so wie es großräumiger ebenfalls im Watt geschieht; die Untersuchungen über die Zusammensetzung des Watt- und des bereits landfesten Marschbodens zeigen dies. Im Gegensatz zu dieser Mannigfaltigkeit steht die Gleichmäßigkeit der Verteilung der Stickstoff- und Phosphorverbindungen, weiter die an den letzten beiden Proben kenntliche Zunahme des Salzgehaltes und vor allem das gesetzmäßige Wachsen des Kalkgehaltes mit Annäherung an das Meer. Berücksichtigt man hierbei, daß Spuren des Salzgehalts der Nordsee durch den Flußstrom bei normaler Witterung etwa bis Schulau verfrachtet werden (vgl. folgende Tabelle),

Abb. 14. Grabenentwässerung in der Marsch durch das „Wüppenspell". Aufnahme Dr. H. Halste, Hamburg (Zu Seite 17)

Salzgehalt in der Unterelbe am 16. Juli 1921.

querab Breckwoldt Sand (bei Schulau)	0,5 ⁰/₀₀
„ Glückstadt	1,0 ⁰/₀₀
„ Brunsbüttel-Schleuse	5,7 ⁰/₀₀
„ Cuxhaven	19,0 ⁰/₀₀
„ Feuerschiff Elbe 1	31,6 ⁰/₀₀
bei Helgoland	32,1 ⁰/₀₀

Abb. 15. Das „Kuhlen". Kleierdehaufen (Land Hadeln). Aufnahme Dr. H. Halste, Hamburg (Zu Seite 19)

Abb. 16. Zwei Schollen auf dem Meeresboden liegend, dem ihre Färbung angepaßt ist. Im Hintergrunde eine Schwimmkrabbe und rechts eine Seespinne (Zu Seite 104)

so führt dies zur Frage, ob ein Zusammenhang zwischen dem Einfluß des Meerwassers und der Schlickbildung besteht; tatsächlich ist ein solcher vorhanden. Infolge im einzelnen noch nicht genau erforschter Vorgänge sinken die fein verteilten Stoffe im Meer und Brackwasser mit vielmal größerer Geschwindigkeit zu Boden als im Süßwasser, hinzu kommt, daß in der Brackwasserzone ein Teil von dem mit jeder Flut herangeführten Plankton abstirbt. Auf diese absterbenden kalkschaligen Organismen dürfte wohl in erster Linie die an obigen Zahlen festzustellende gesetzmäßige Zunahme des Kalkgehaltes der Schlickabsätze zurückzuführen sein; ob es auch zur unmittelbaren Abscheidung von Kalk aus den im Flußwasser gelösten Mengen infolge der Beimengung von Meerwasser kommt, ist nicht ausgeschlossen, aber noch nicht entschieden. In den oberhalb des Bereiches des Meerwassers gelegenen Teilen der Elbe sind nach Schucht die Sedimente frei von kohlensaurem Kalk, so daß der für die Landwirtschaft so überaus wichtige Kalkreichtum der Marschen im Mündungsgebiet unserer Flüsse und an der Nordseeküste eine Folgewirkung der durch Mischung von Fluß- und Meerwasser geschaffenen ungünstigen Lebensbedingungen für das kalkschalige Plankton ist.

Abb. 17. Junger Katfisch. Voll ausgewachsene Tiere können bis über 1 m Länge und bis 50 Pfund Gewicht erreichen. Das wohlschmeckende Fleisch wird vorzugsweise in Filetstücken gebraten gegessen (daher die Bezeichnung Karbonadenfisch). Auf das ungewöhnlich kräftige Gebiß ist der Name „Seewolf" zurückzuführen, es ermöglicht dem Tiere das Zerkleinern von Schaltieren (Muscheln, Krebse, Seeigel) (Zu Seite 104)

Abb. 18. In der Mitte zwei verschieden gefärbte Seerosen oder Aktinien, sie kommen innerhalb der Deutschen Bucht vor allem auf den Klippen um Helgoland vor. Im Vordergrunde (Mitte) eine gelbe Kolonie von winzigen Aktinien, die in eine gallertähnliche Grundmasse eingebettet sind. Dieser vielgestaltige Tierstock wird als Meerhand, Tode Mannes Hand oder Lederkoralle bezeichnet und kommt weit verbreitet auf dem Boden der Nordsee vor (Zu Seite 104)

Im allgemeinen ist die Bewegung des dem Meere zueilenden Flußwassers und des Meeres im Bereiche der Küste viel zu stark, als daß die Ablagerung des vom Flusse mitgeführten suspendierten Materiales möglich wäre, nur in ruhigem, stehendem Wasser kann dies geschehen. Da wir nun aber gerade in unseren Flußmündungen starken Ebb- und Flutstrom haben, gelangen die im Flußwasser schwebenden Teilchen mit den im Brackwasser abgestorbenen Organismen trotz der die Ablagerung fördernden Mischung mit Salzwasser nur zum kleinsten Teile im Flusse selbst zur Ablagerung, sie werden durch den starken Strom ins Meer hinaus und durch den Gezeitenstrom die Küste entlanggeführt, wo sie unter günstigeren Umständen als sie im Flusse sind, entweder in Nähe der Küste oder weiter draußen zur Ablagerung gelangen. Entscheidend hierfür sind die Ruhepausen, die in der Wasserbewegung während des sog. Stauwassers zwischen Flut- und Ebbstrom und umgekehrt eintreten, zu diesen Zeiten haben die suspendierten Teilchen Gelegenheit, sich abzulagern. Meist werden sie allerdings durch den erneut einsetzenden Flut- oder Ebbstrom wieder aufgewühlt und wieder mit fortgeführt. Ein Blick auf die Karte zeigt, daß außerhalb der Inselkette Marschen nicht entstehen, dort gelangen auf der langsam sich ins Meer senkenden Küstenplatte wohl Sandkörnchen bis zu 0,1 mm Durchmesser hinab zur Ablagerung, die dann bei Niedrigwasser nach Verdunstung der zurückgebliebenen Feuchtigkeit vom Winde erfaßt werden können, aber die feineren Sandkörnchen und vor allem die leichten tonigen Teilchen bleiben auch bei Stauwasser wegen der ständig vorhandenen Wellenbewegung und der Brandung im Wasser schweben. Anders ist es hinter den Inseln und in Meeresbuchten sowie an flachen oder schilfbewachsenen Flußufern. Dort sind die Bedingungen zum Absetzen auch der feinsten Teilchen gegeben, und es gelangt aus dem nicht durch Wellen und Brandung aufgewühlten Wasser zur Zeit des Stauwassers zwischen Flut und Ebbe jedesmal eine dünne Schlickmasse zur Ablagerung; hier erst zeigt sich der beschleunigende Einfluß des im Meerwasser gelösten Salzes auf die Ablagerung in seiner ganzen Bedeutung. Nach dem Fallen des Wasserspiegels während der Ebbe trocknet der Schlick meist schnell und wird dadurch verfestigt, so daß das neugebildete Schlickhäutchen beim nächsten Steigen des Wassers der Zerstörung schon einen gewissen Widerstand entgegensetzt. Durch die Tag für Tag sich periodisch zweimal wiederholenden Gezeitenströme wird regelmäßig neues Wasser mit Schlammteilchen herangeführt, aus dem immer wieder bei ruhigem Wetter und Stauwasser Schlamm zur Ablagerung gelangt. Aus unzähligen solcher dünnen Schlickhäutchen setzt sich der langsam erfolgende Landzuwachs zusammen. Eintretende stürmische Witterung vermag jedoch selbst in meist brandungsfreien Gebieten stärkere Bewegung des Wassers zu erzeugen, so daß von dem abgelagerten Schlamm viel wieder fortgeführt werden kann. An geeigneten Stellen überwiegt aber die Ablagerung. Ist diese endlich so weit gediehen, daß der Boden bereits während längerer Zeit am Tage trocken fällt, so beginnen sich Algen anzusiedeln, die wesentlich zur Verfestigung des Schlammes beitragen. Nach weiterer Anschlickung vermag auch der durch den Wind herangeführte Samen des Quellers (Salicornia herbacea), der für die Marschbildung wichtigsten Pflanze, sich zu entwickeln (Abb. 9). Diese sich 10 bis 20 cm über den Boden erhebende Blütenpflanze mit steifen fleischigen Stengeln befestigt durch ihre Wurzeln den Boden weiterhin, vor allem aber dämpft sie mit ihren oberirdischen Teilen die Bewegung des Wassers, so daß die Schlammablagerung nun in erheblich stärkerem Maße erfolgen kann. Bald bildet die zunächst ganz vereinzelt auftretende Pflanze dichtere Bestände. Im Herbst stirbt der Queller ab, und aus den durch den Wind und das Wasser über den Boden verteilten Samen entstehen im nächsten Frühjahr neue grüne Keimlinge; durch die grüne Färbung hebt sich dann der für die Besiedlung durch den Queller bereits geeignete Boden von dem weiter meerwärts gelegenen grauen Watt deutlich ab, so daß der Marschbauer an dieser Grenzlinie bereits erkennen kann, ob das Land während des Winters gegen das Meer Fortschritte gemacht oder Einbuße erlitten hat. Oberhalb der Grenze des normalen Hochwassers, wo also nicht mehr eine tägliche Überflutung eintritt, siedeln sich dann weitere Pflanzen an, denen eine seltenere Überflutung durch das Meerwasser nichts schadet, das sind vor allem der „Drückdahl" (Juncus Gerardi) und der „Andel" (Festuca thalassica), eine Grasart, die im wesentlichen das wertvolle Futtergras bildet, das außendeichs auf dem sich neubildenden Marschland gewonnen wird. Die weitere Aufhöhung dieses Vorlandes vollzieht sich langsam, da es immer seltener überflutet wird. Sobald das Land $^1/_2$ bis $^3/_4$ m über dem gewöhnlichen Hochwasser liegt und auch andere Pflanzen dort gedeihen, wie besonders der Klee, tritt an den Menschen die Aufgabe heran, das „deichreif" gewordene Land durch Deichbau ständig der Überflutung durch das Meer zu entziehen; das neu eingedeichte Land wird in den einzelnen Gegenden verschieden bezeichnet — „Polder" in Ost-Friesland, „Groden" in Oldenburg, „Koog" in Schleswig-Holstein.

Sobald nun das Land durch den Deich den Überschwemmungen völlig entzogen ist, beginnt eine Reihe von interessanten und für die Frage der wirtschaftlichen Verwertung des Landes wichtigen Veränderungen. Dem Boden wird durch den Niederschlag in kurzer Zeit das Salz entzogen und alle halophylen Pflanzenarten sterben aus; außerdem vermindert er sein Volumen durch Austrocknung und die Oberfläche erniedrigt sich, besonders bei schon längere Zeit eingedeichtem Lande tritt dies hervor. Wichtig ist auch, daß sich die

Abb. 19. In der Mitte auf Witte auf dicht mit kleinen Seepocken besetzten Felsen der fünfarmige Seestern und zwei Seeigel. Rechts aus der Felsspalte lugt ein Kaisergranat. Vorn an den Seiten zwei nordische Seesternarten. Die übrigen Seesterne sind meist rot und gelb gefärbte Sonnensterne, von denen der im Vordergrunde befindliche durch aufgenommene Nahrung mächtig gewölbt ist. Unterwasser-Aufnahme von Schensky, Helgoland (zu Seite 104)

Abb. 20. Hauswarft auf Hallig Hooge mit Fehting. Aufnahme Dr. H. Halske, Hamburg (Zu Seite 22, 82)

humosen Bestandteile der oberen Schichten des Marschbodens durch den Einfluß des Sauerstoffs der Luft und des Wassers zersetzen. Humose Böden verlieren daher mehr an Volumen als reine Tone. Wechseln beide Bodenarten auf kurze Strecken miteinander ab, so nimmt der ursprünglich ganz ebene Marschboden eine leicht wellige Oberfläche an. Durch die Senkung des Bodens entstehen für die Entwässerung Schwierigkeiten, und es bedarf vielfach besonderer Schöpfeinrichtungen, um das Grundwasser niedrig zu halten (Abb. 14), denn es ist nicht selten, daß das außendeichs gelegene Watt um mehr als einen Meter höher als das eingedeichte Land liegt.

Aber auch die Zusammensetzung des Bodens wird durch Auflösungsvorgänge und chemische Umsetzungen erheblich verändert. Der Anfang läßt sich schon auf dem trockenen Schlicke beobachten. Bei fallendem Wasser nimmt er eine rotbraune Färbung an, die durch Verbindung der im Schlick verteilten niedrigen Eisenverbindungen mit dem Sauerstoff der Luft verursacht ist, wodurch das rotbraune Eisenoxydhydrat entsteht. Unter der obersten etwa 1 cm dicken Schicht ist der Schlick unverändert schwarzblau, dort wird aller erreichbare Sauerstoff von den verwesenden pflanzlichen Stoffen verbraucht. Insbesondere der Gehalt an den für die landwirtschaftliche Ausnutzung wichtigen Nährstoffen, an Kali-, Phosphor- und Stickstoffverbindungen sowie an Kalk, ist nach erfolgter Eindeichung großen Veränderungen unterworfen. Zunächst entziehen die Pflanzen dem Boden ständig jene Stoffe, die sie zu ihrem Aufbau gebrauchen, außerdem aber lösen die mit Kohlensäure aus der Luft angereicherten Sickerwässer die löslichen Eisenverbindungen und kohlensauren Kalk und entführen diese in tiefere Schichten, wo sie zum Teil nahe der Oberfläche des Grundwasserspiegels wieder zur Ausscheidung gelangen und dadurch den Boden dort verfestigen; vielfach kommt es in vorher vielleicht von Pflanzenresten eingenommenen Hohlräumen sogar zur Abscheidung von Kalkkonkretionen, kurz es tritt die sogenannte Knickbildung im Marschboden ein. Dieser durch Ablagerung von Kalk und rotbraunen Eisenverbindungen verfestigte Knickboden behindert das Vordringen der Pflanzenwurzeln in die Tiefe in starkem Maße und damit die Zufuhr von Nährstoffen aus den tieferen Lagen des Bodens; außerdem ist dieser Boden für Wasser ziemlich undurchlässig, so daß der überlagernde Boden bei feuchtem Wetter leicht morastig und sumpfig wird, aber andererseits auch schnell austrocknet. Der Knickboden ist deswegen landwirtschaftlich weniger wertvoll und „Knickland" wird vorzugsweise als Weide benutzt; durch die genannten chemischen Vorgänge kann also im Laufe der Zeit erstklassiger Marschboden in einen landwirtschaftlich minderwertigen Boden verwandelt werden.

Die Unterschiede im Nährstoffgehalt zwischen alten und jungen Marschböden sind recht beträchtlich. Die folgende Tabelle veranschaulicht dies an Untersuchungsergebnissen aus den oldenburgischen Marschen:

Gehalt alten und jungen Marschbodens an Nährstoffen

Ort	Bedeichungsjahr	P_2O_5 %	N %	K_2O %	CaO %	$CaCO_3$ %	Tongehalt %
Stadland (westl. Hoffe)	Alte Marsch (Bedeichungsjahr nicht bekannt)	0,15	0,11	0,49	0,36	0,64	28,92
Butjadingen (nördl. Eckwardermühle)		0,12	0,20	0,46	0,46	0,82	48,00
Jever (östl. Kleinstrückhausen)		0,13	0,16	0,41	0,14	0,25	57,40
Blauhauder Groden	1659	0,15	0,25	0,59	2,27	4,06	schwerer Marschboden
Ellenserder Groden	1732	0,15	0,24	0,66	3,87	6,72	
Friedr.-Aug.-Groden	1780	0,19	0,23	0,68	4,88	8,71	
Adelheids-Groden	1822	0,24	0,23	0,62	5,16	9,21	
Peters-Groden	1852	0,25	0,23	0,56	5,28	9,42	

(westl. Jadebusen)

Abb. 21. Wurmhäufchen von Arenicola marina auf dem Sandwatt
Aufnahme Dr. H. Nitzsche, Wilhelmshaven (Zu Seite 24)

Die alte Marsch hat durchweg geringeren Gehalt an Nährstoffen als die später eingedeichten Marschen im westlichen Jadebusen- und im Harlegebiet, besonders in Kalkgehalt tritt dies hervor. Ferner weisen die einzelnen, zu verschiedenen Zeiten eingedeichten Marschen charakteristische Unterschiede auf; betrachten wir die einzelnen Groden des Gebietes der westlichen Jade, für die Maercker die oben gegebenen Zahlen abgeleitet hat. Die Eindeichung erfolgte im Zeitraum von 1659 bis 1852. Der Gehalt an Stickstoff und Kaliumverbindungen ist nicht sehr verschieden, in bezug auf die Phosphorverbindungen ist aber die wachsende Verarmung bereits unverkennbar, am ausgeprägtesten tritt sie

Abb. 22. Strandhafer in den Dünen von List auf Sylt. Aufnahme Dr. H. Halste, Hamburg
(Zu Seite 25)

hervor im Kalkgehalt. Der 1659 eingedeichte Groden enthält weniger als die Hälfte Kalk als die 1780 eingedeichte Marsch; die Zunahme des Kalkes ist ganz regelmäßig, wenn wir von den älteren zu den jüngeren Groden fortschreiten. Man hat deshalb den Grad der eingetretenen Entkalkung sogar zur Altersbestimmung des Marschbodens zu benutzen versucht. Hierbei ist allerdings Vorsicht nötig, da der ursprüngliche Kalkgehalt des frisch eingedeichten Marschbodens durchaus verschieden ist. Die Beobachtung zeigt, daß schwere, also tonhaltigere Marschböden ursprünglich kalkreicher sind als leichte, sandige Böden. Die folgende von Stillahn und Schucht zusammengestellte Tabelle der Untersuchungen an rezenten Schlickablagerungen im Watt zeigt dies in sehr klarer Weise:

Ort der Probeentnahme bei	Sand %	Tongehalt %	$CaCO_3$ %
Langwarden	94,0	6,0	3,08
Spiekeroog	81,2	18,8	4,42
Schweiburg	61,2	38,8	6,80
Carolinensiel	41,2	58,8	8,98
Hooksiel	46,8	53,2	9,04
Dangastermoor	16,0	84,0	11,10

Dieser Verarmung des älteren Marschbodens an Nährsalzen sucht man entweder durch Düngung abzuhelfen, oder dadurch, daß man Marschboden aus größerer Tiefe, der nicht durch Sickerwasser entkalkt vielmehr durch Zufuhr von oben noch kalkreicher geworden ist, durch Graben emporbringt und über der bisherigen Oberfläche ausbreitet (Abb. 13). Dadurch wird dem erschöpften Boden neue Fruchtbarkeit verliehen. Diese im Oldenburgischen „Wühlerde", im Lande Wursten und Hadeln „Kuhlerde" und in Holstein und Schleswig „Klei= oder Pieperde" genannte Bodenart ist nichts anderes als der ursprüngliche Marschboden (Abb. 15); dieser hat natürlich vor dem künstlichen Dünger den Vorzug, die sämtlichen wichtigen Nährstoffe zu enthalten. — Es kommt vor, daß der aus der Tiefe heraufgebrachte Boden durchaus vegetationsfeindlich ist, dies ist die sog. „Pulvererde", auch Smink und Maibolt genannt; sie ist reich an Schwefel= und Eisenverbindungen sowie humosen Bestandteilen. An der Luft zerfällt sie zu einem feinen pulverartigen Staub, und es gehen im einzelnen noch nicht genau erkannte chemische Umsetzungen vor sich, durch welche Eisenvitriol und Schwefelsäure entstehen, die dem Pflanzenwuchs feindlich sind. Wie Wildvang von dem Reiderland berichtet, wird Pulvererde bei Baggerarbeiten in den Kanälen und Gräben gelegentlich mit zu Tage gefördert, diese ist ganz unfruchtbar und wenn die Vegetation auf den Wiesen und Äckern voll entwickelt ist, sind an den Ufern der ausgebaggerten Kanäle und gereinigten Gräben ganze Strecken, auf denen Pulvererde an der Oberfläche liegt, ohne jede Vegetation. Die Pulvererde tritt sowohl über größeren Flächen wie auch in einzelnen Nestern von manchmal nur einem Kubikzentimeter auf. Über die Ursachen ihrer Entstehung ist noch nicht volle Klarheit erzielt, jedenfalls spielen die Pflanzenreste neben dem im Ton vorhandenen Eisen eine besondere Rolle; in reinen, von humosen Bestandteilen freien Tonen kommt Pulvererde nicht vor.

    ✠   ✠   ✠

    Lange Zeit bevor der Zusammenschluß zu gemeinsamer Arbeit schon so weit gediehen war, daß an umfangreiche, größten Gemeinsinn erfordernde Arbeiten wie Deichbauten herangegangen werden konnte, war die noch gegen Überflutungen ungeschützte Marsch bereits bewohnt. Hierauf weisen die sowohl in Holland wie im deutschen Küstengebiet durch Funde von Gerätschaften ihrer Entstehungszeit nach ungefähr bestimmbaren künstlichen Erdaufschüttungen hin, auf denen die ersten Siedelungen in diesen Gebieten entstanden. Plinius (23—79 n. Chr.) sagt von den Bewohnern unserer Nordseeküste: „Dort wohnt ein armseliges Volk auf hohen Hügeln oder Warften, die mit den Händen in der Höhe der höchsten Fluten aufgeworfen sind und auf denen sie demnach ihre kleinen Häuser errichteten und Schiffern gleichen, wenn die Flut alles bedeckt, Schiffbrüchigen aber, sobald die Flut sich zurückgezogen hat und sie in der Nähe ihrer Hütten auf die mit dem Meere entweichenden Fische Jagd machen ... Sie haben kein anderes Getränk als das Regenwasser, das sie in Gruben im Vorraum des Hauses aufbewahren." Die künstlichen Erdhügel, die sich wie Inseln aus der Ebene der Marsch herausheben, haben in den niederländischen Provinzen Holland und Friesland den Namen „Terpen", d. i. Dörfer, in Groningen heißen sie „Wierden" (=weert, d. i. Insel), in Niedersachsen werden sie als „Wurten", zwischen Ems und Jade als „Warfen", in Nordfriesland als „Werften" oder „Warften" bezeichnet, Namen, die vom Aufwerfen der Erde abzuleiten sind. Vielfach finden sich diese Bezeichnungen im Zusammenhang mit Ortsnamen wieder, so z. B. im Emsland: Upleward, d. i. up leeg ward, auf dem niedrigen Warf, in Butjadingen: Langwarden, in Lande Wursten: Misselwarden, im Lande Hadeln: Ihlienworth, in Dithmarschen: Wöhrden, Trennewurth, in Eiderstedt: Witzwort usw. Nördlich der Halbinsel Eiderstedt tritt diese Endung in Ortsnamen nicht mehr auf; aber Warften sind auch dort vorhanden. In Nordfriesland liegen auch im jetzt eingedeichten Gebiet die Häuser noch vielfach auf vorspringenden Geestzungen oder auf Warften.

    Das nähere Studium einer ganzen Reihe von Warften hat gezeigt, daß sie nicht gleich zu der heutigen Höhe aufgeschüttet worden sind. Aus vorgefundenen Resten von Gebrauchsgegenständen hat man schließen können, daß die Warften meist zweimal erhöht worden sind, also aus drei Schichten bestehen. Zwischen den einzelnen Erhöhungen sind Jahrhunderte vergangen, offenbar haben besonders heftige Sturmfluten die Bewohner größerer Gebiete gezwungen, ihre Wohnplätze zu erhöhen, man hat Anhaltspunkte dafür, daß dies im 6. und 9. Jahrhundert der Fall gewesen ist. Manche Warften tragen in ihrem Kern Geestinseln, so Werdum, Accum, Fedderwarden im Harlinger- und Jeverland; in diesen Gebieten reicht das Diluvium ganz allgemein bis dicht an die Oberfläche heran und die Marsch- und Moorschicht ist nur dünn.

Abb. 23. Dünenlandschaft auf Amrum. Aufnahme Th. Thomsen, Flensburg (Zu Seite 25 u. 81)

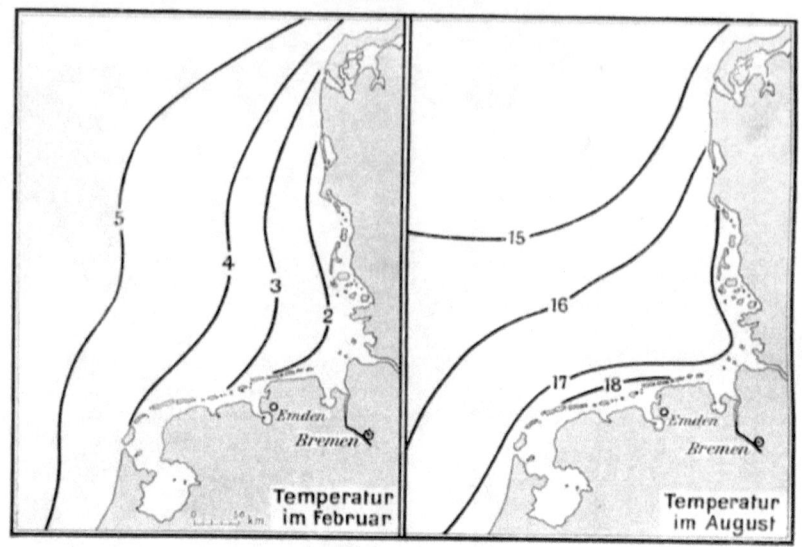

Abb. 24 Die Temperatur des Nordseewassers im Februar und August (Zu Seite 29)

Die Süßwasserbeschaffung bereitete in diesen häufig überfluteten Gebieten, wo das Grundwasser vom Meerwasser bereits beeinflußt, also brackig ist, eine besondere Schwierigkeit. Es wurde zum Auffangen des Regenwassers meist ein etwa 1 m tiefes Loch gegraben, Fehting genannt, und die Erde zu einem Wall ringsum aufgeschüttet (Abb. 20). Daß das Fehting bei Sturmfluten nicht voll Wasser lief, war die große Sorge der Warftbewohner und ist es vielfach, z. B. auf den Halligen, heute noch; denn Mangel an Trinkwasser bedeutet eine Gefahr für die Viehzucht. Auf zwei Halligen, auf Nordstrandischmoor und auf der Hamburger Hallig, sind artesische Brunnen erbohrt worden, auf allen übrigen ist man heute noch auf den Niederschlag als Süßwasserquelle angewiesen.

Die alten nordfriesischen Häuser weisen in dem heute eingedeichten Gelände in ihrer Bauart noch Spuren jener Zeit auf, als für die auf den Warften liegenden Häuser Schutz gegen Wasserdruck gelegentlich erforderlich war. Die Holzpfähle, die den Dachboden zu tragen haben, die sog. Ständer, sind nicht senkrecht in den Boden getrieben, sondern etwas nach der Mitte geneigt und besonders kräftig. Sie hatten die Aufgabe, auch nach Einsturz der an den Ständern befestigten Mauern noch den Dachboden mit den Wintervorräten zu tragen, der bei Überschwemmungen die letzte Zuflucht der Bewohner bildete. Auf den Halligen werden z. T. heute noch derartige Häuser gebaut, in anderen Fällen glaubt man dort bei Neubauten von dieser Vorsicht absehen zu können.

3. Die Dünen

Für die flandrische, holländische, deutsche und dänische Küste ist die Dünenbildung in gleicher Weise charakteristisch. Woher kommt nun der Sand und wie kommt es zu seiner Anhäufung in Dünen? Das sind zwei Fragen, die sich jedem Besucher der Nordseeküste aufdrängen.

Wir wissen aus den vielen vom Meeresgrunde heraufgebrachten Grundproben, daß der Boden der Nordsee ganz vorwiegend sandigen Charakter trägt. Wie an der Küste in den Dünen besteht der Sand auf dem Meeresgrunde im wesentlichen aus rundlichen, durch ihre helle Farbe leicht kenntlichen harten

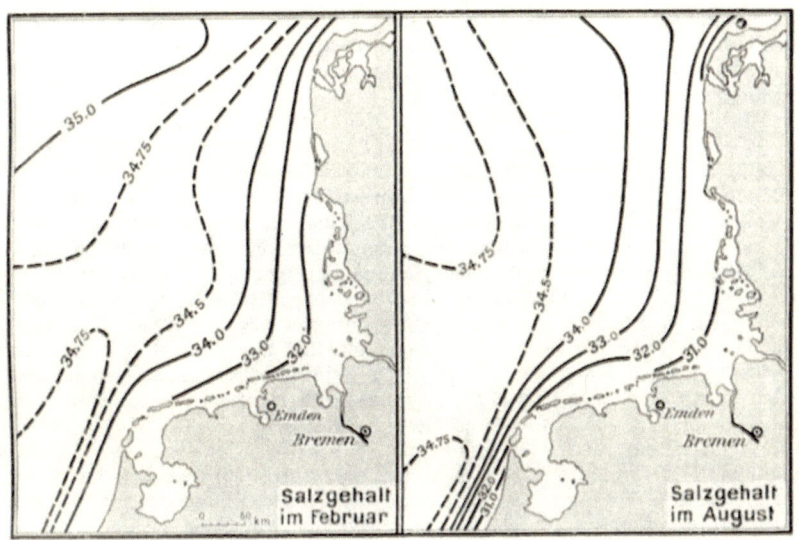

Abb. 25. Der Salzgehalt des Nordseewassers im Februar und August (Zu Seite 34)

Quarzkörnchen, vielfach aber entdeckt man bei näherer Betrachtung des Sandes schon mit bloßem Auge, daß dem Quarz mancherlei Mineralien beigemengt sind, z. B. weißliche, gelbliche oder fleischrote Feldspat- sowie dunkle Eisenerzkörnchen. Woher stammt dieser Sand am Boden der Nordsee, der übrigens ebenso wie dort in allen flachen, die Kontinente umsäumenden Meeresgebieten auftritt? Es sind die durch die Flüsse in das Meer verfrachteten Reste der Verwitterung der auf den Festländern anstehenden Gesteine, und zwar der sog. Urgesteine wie Granit, Gneis usw. Die übrigen anstehenden Gesteine verwittern natürlich auch, aber sie werden z. T. vom Wasser aufgelöst oder ihre Gesteinstrümmer werden während des Transportes durch das Wasser zu feinstem Gesteinsmehl zermahlen, das durch das Meer weit hinaustransportiert wird und erst in größerer Entfernung von der Küste und in größeren Tiefen als Schlick abgelagert wird, wo sich die Transportfähigkeit des Wassers entsprechend vermindert hat, dies ist in der Deutschen Bucht jedenfalls nur in geringem Maße der Fall. Von dem Rest des Urgesteins aber vermag vor allem der Quarz durch seine große Härte und seine fast völlige Unlöslichkeit in Wasser den Transport durch die Flüsse in beträchtlicher Menge zu überstehen, nur die vollkommene Rundung der Körnchen zeugt davon, daß auch der Quarz den auf ihn während des Transportes einwirkenden Kräften gegenüber nicht völlig widerstandsfähig ist. Außer dieser ständig fortwirkenden Zufuhr von Sand durch die Flüsse verfügt die Nordsee selbst über eine große Sandmenge in der auch den Boden der Nordsee zweifelsfrei bedeckenden Grundmoräne. Weiterhin haben wir Grund zur Annahme, daß aus den westlich gelegenen Sandgebieten vor der französischen Küste im Kanal, weiter vor der flandrischen und holländischen Küste Sand langsam und stetig nach Osten, also in die Deutsche Bucht verfrachtet wird. Weiterhin wird auch durch den Abbruch an den Steilküsten der friesischen Inseln Sand geliefert. So ist es nicht erstaunlich, daß der Boden der Deutschen Bucht im wesentlichen von Sand bedeckt ist.

Wie schon erwähnt, bleiben infolge der starken Bewegung des Wassers im Küstengebiet alle feineren Bestandteile im Wasser schweben und werden weiter

23

ins Meer hinausgeführt, die Folge ist, daß der Sand in der Nähe der deutschen Küste kaum unter die Korngröße von etwa 0,1 mm hinunter geht und insbesondere völlig frei von Ton ist. Daher rührt die für die Badegäste angenehme Eigenschaft des Sandes, daß er nicht tief in die Fasern der Kleidung eindringt und nicht Flecken erzeugt, sondern abfällt, sobald er trocken geworden ist. Weiterhin ist dies auch die Ursache, daß die Luft an der See staubfrei ist. Das ist in sandigen Gebieten nicht überall der Fall, in Wüsten, wo nicht die feinsten Bestandteile durch das bewegte Wasser fortgeführt werden, werden schon durch schwachen Wind Staubwolken aufgewirbelt. Eine nicht unwichtige Rolle scheint hier der „Sandwurm" (Arenicola marina) zu spielen, der bis über 20 cm Länge erreichen kann und im Sande oder Schlick in einer hufeisenförmigen Röhre lebt. In seiner Farbe ist er seiner Umgebung angepaßt, also im Schlick dunkel und im Sande hell bis rötlichgelb. Durch die eine Öffnung seiner Wohnröhre saugt er mit dem Sand seine Nahrung ein und läßt ihn seinen Körper passieren. Bei Niedrigwasser lassen sich die zahllosen kleinen Extrementhäufchen auf dem trocken gefallenen Boden beobachten (Abb. 21) und werden von dem unkundigen Wanderer zunächst für Würmer gehalten. Durch das steigende Wasser werden diese kleinen Häufchen wieder zerstört und das darin enthaltene feinerdige und organische Material wird vom bewegten Wasser fortgeführt, so daß die Arbeit des Sandwurms dazu beiträgt, den Sand von seinem Schlickgehalt zu befreien. Diese Würmer kommen in so ungeheuren Mengen vor, daß man Ursache hat anzunehmen, daß die oberste 20 cm-Schicht vom Schlick oder Sand zum größten Teil durch deren Körper hindurchgegangen ist! Der Sandwurm, den man auch Köderwurm bezeichnet, weil er als Köder bei der „Angelfischerei" benutzt wird, der stellenweise auch „Sandpier" heißt und von den Helgoländer Fischern „Sanneper" genannt wird, ist zu fangen, indem man bei Niedrigwasser an den Stellen der wurmförmigen Sandhäufchen mit einem Spaten den Sand aufwirft. Dies muß möglichst schnell getan werden, da sich der Wurm mit großer Geschwindigkeit tiefer einzubohren vermag.

Um die Bedingungen zur Dünenbildung kennen zu lernen, betrachten wir den Sand am Strande. Jede Welle führt Sand mit sich, dies geht schon daraus hervor, daß das Wasser beim Zurückfluten an der oberen Grenze des durch die Welle benetzten Strandes einen kleinen, mehrere Millimeter hohen Sandwall zurückläßt. Fällt der Wasserstand nach Hochwasser, so wird die feuchte Sandfläche, die von den Wellen nicht mehr benetzt wird, langsam immer breiter. Zunächst haftet der Sand durch die Feuchtigkeit noch zusammen und wer am Strand entlang gewandert ist, hat dies gewiß häufig ausgenutzt, da man im Sande weniger einsinkt, wenn er feucht und fest als wenn er trocken und locker ist. Der Wind aber trocknet den Sand schnell, sobald der Wasserspiegel sinkt und nun erst, sobald der Sand trocken geworden ist, beginnt der Wind sein Spiel mit ihm und führt ihn hinweg. Ist der Wind schwach, so hebt er den Sand nur wenige Zentimeter oder Dezimeter hoch, und wer sich am Strande häufiger aufgehalten hat, weiß, daß die Tage, an denen überhaupt kein Sand durch den Wind transportiert wird, außerordentlich selten sind. Bei starken und stürmischen Winden aber wird der Sand meterhoch emporgewirbelt und wie durch ein Sandgebläse gegen das Gesicht des Wanderers geschleudert. Auch hier ist die Tatsache, daß der Sand keine feinsten Teilchen und besonders keinen Ton enthält, von grundsätzlicher Bedeutung, da nur dadurch der Wind ihn so schnell auszutrocknen vermag, daß er vor dem nächsten Steigen des Wassers bereits ein Spiel des Windes wird. Der durch den Wind in Richtung vom Meere fortgeführte Sand kommt zur Ablagerung, wenn der Wind nachläßt oder durch irgend ein Hindernis ein Windschatten gebildet wird, dann bildet sich hinter den Gegenständen, eine Muschel, ein Stück Holz, Stein oder dergleichen, ein langgestreckter Sandschweif, eine sog. Hindernisdüne; aber eine größere Höhe als der

Abb. 26. Blick vom Helgoländer Oberland auf Meer und Hafengelände bei heftigem Sturm. Aufnahme F. Schensky, Helgoland
(Zu Seite 40, 46, 90)

Abb. 27. Eisgang der Elbe. Aufnahme C. Lohmann, Hamburg-Blankenese
(Zu Seite 35)

hindernde Gegenstand selbst besitzt, vermag sie nicht zu erreichen, Dünen im eigentlichen Sinne entstehen dadurch nicht. Hierzu ist Pflanzenwuchs die notwendige Voraussetzung. Schon auf den noch häufiger vom Meerwasser überschwemmten Teilen des Strandes vermag sich Vegetation anzusiedeln, und zwar spielt hier in erster Linie der Strandweizen oder Binsenweizen (Triticum junceum) eine Rolle, der sowohl im trockenen wie im vom Meerwasser durchfeuchteten Sande gedeiht. Sobald die jungen Pflänzchen aus dem Boden hervorkommen, geben sie Veranlassung zur Bildung einer Hindernisdüne und wenn der Wind längere Zeit aus derselben Richtung weht, hat die Sandanhäufung bald die Höhe der Pflänzchen erreicht, aber die Pflanze wächst weiter und vermag immer von neuem über den Sand emporzuwachsen, die Düne wächst also in die Höhe, und da der Strandweizen sich außerdem durch kriechende Erdstengel nach der Seite ausbreitet, nimmt die Düne auch an Umfang zu. Oft wird die entstandene kleine Düne wieder durch die Fluten zerstört werden, aber im Laufe längerer Zeiträume wird sich diese oder jene Pflanze halten und dadurch wird allmählich der Anfang zur dauernden Dünenbildung gegeben. Diese Triticumdünen, die sog. Primärdünen, können Höhen bis zu 2 und 3 m erreichen. Liegen ihre höchsten Teile schließlich so hoch, daß sie nur noch selten vom Meere überschwemmt werden, so vermögen sich auch andere Pflanzen dort zu halten, vor allem der Strandhafer oder Helm (Psamma arenaria; Abb. 22), der wesentlich dichter ist als der Strandweizen und also in verstärktem Maße Sand aufzufangen vermag. Auch der Helm wächst bei Erhöhung der Düne weiter, schließlich unterdrückt er den Strandweizen vollständig und es entsteht nun die sog. sekundäre Düne, die wesentlich schneller als die Triticumdüne wächst und Höhen von 10, 20 m und mehr erreicht. Allmählich siedeln sich dann auch Kräuter und Sträucher verschiedenster Art an, die schließlich den Helm verkümmern lassen und ganz zurückdrängen, es sind sog. tertiäre Dünen entstanden. Durch heftige Winde und Stürme kann natürlich in den Dünen aller Stadien der Pflanzenwuchs stellenweise zerstört und dadurch erneuter Anlaß zur Flugsandbildung gegeben werden (Abb. 23).

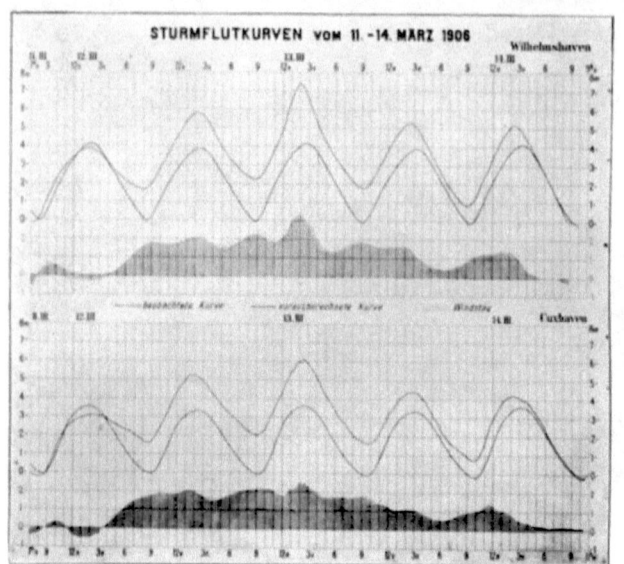

Abb. 28. Sturmflutkurven von Wilhelmshaven und Cuxhaven vom 11.—14. März 1906 nach H. Rauschelbach, Deutsche Seewarte (Zu Seite 56)

4. Die Frage vertikaler Bewegung des Landes

Ob im Gebiet unserer Nordseeküste heute vertikale Bodenbewegungen stattfinden, ist eine Frage von größter praktischer Bedeutung sowohl für die Regulierung der Fahrwässer, die Einrichtungen der Häfen, den Bau der Deiche und letzten Endes für die Frage des Bestandes der Marschen und der vorgelagerten Inseln überhaupt. Sicher ist, daß in jüngerer geologischer Zeit solche Bewegungen stattgefunden haben. Im älteren Tertiär reichte die Nordsee z. B. im Osten bis in die Gegend der heutigen dänischen Inseln und im Süden bis über Bremen und Oldenburg hinaus, zog sich aber dann infolge einer Landhebung soweit zurück, daß die Brandungszone in der Gegend des heutigen Sylt lag. Wahrscheinlich hob sich das Land während der Eiszeit noch weiter und wir können annehmen, daß unsere deutsche Küste nach dem Verschwinden des Eises etwa 20 m höher lag als jetzt. Darauf trat im ganzen Bereich der Deutschen Bucht eine langsame Senkung ein und die vielfach untersuchte und umstrittene Frage ist, ob diese postglaciale Senkung heute noch fortdauert oder ob sie als abgeschlossen zu betrachten ist. Aus den von Wolff beigebrachten Gründen geht hervor, daß die Senkung in den letzten 4—5 Jahrtausenden höchstens 1,5—2 m betragen haben kann, also im Mittel jährlich weniger als einen halben Millimeter; ob diese Bewegung sich allein in den ersten Jahrtausenden oder ziemlich gleichmäßig bis heute hin vollzogen hat, ist vorläufig noch unentschieden. Zahlreiche genaue Kenner der Verhältnisse an der südlichen Nordseeküste glauben mindestens für beschränkte Gebiete eine sich bis in die allerjüngste Zeit fortsetzende Senkung annehmen zu müssen; die Lösung dieses so überaus wichtigen Problems muß der weiteren Forschung vorbehalten bleiben.

III. Das Meer in der Deutschen Bucht

1. Tiefen und Bodenbedeckung (Vgl. die Karten am Schlusse des Buches)

Außerhalb des unsere Marschen schützenden Deiches senkt sich der Boden langsam, hier herrscht bereits das Meer, wie wohl am eindrucksvollsten klar wird, wenn man bei einem schweren Nordweststurm auf dem Deiche steht und heranrollende hohe Wellen und schwere Brandung den Deich bedrohen; es bedarf aller Kunst der Deichbauer, um das Meer an dem Eindringen in das hinter dem Deich liegende fruchtbare Land zu hindern. Bei ruhigem Wetter aber und bei Niedrigwasser dehnt sich vor dem Deiche zunächst noch das bewachsene Außendeichs-

Abb. 29. Nordseebrandung. Aufnahme Th. Thomsen, Flensburg (Zu Seite 46)

land und dann weithin das öde graue Watt. Hier ist also die Meerestiefe so gering, daß der Unterschied zwischen Hoch- und Niedrigwasserhöhe bereits hinreicht, um den Meeresboden ganz oder fast trocken fallen zu lassen. Bis an den die deutsche Küste begleitenden Inselkranz dehnt sich dieses Watt, das nur an einzelnen Stellen von Prielen und Tiefs durchzogen wird. Auch jenseits der Inseln senkt sich der Boden nur langsam, wie jeder Besucher der dortigen Badeorte aus eigener Erfahrung weiß; z. B. ist die 6 m-Tiefenlinie von den Inseln Norderney und Juist 2—4 km entfernt! Die deutsche Nordseeküste ist also eine typische Flachküste und auch außerhalb des Bereiches der Badenden wird das Meer nur ganz langsam tiefer und die 20 m-Tiefenlinie wird erst in 10—15 Seemeilen Abstand von der Küste erreicht. Die ganze weitere deutsche Bucht ist weniger als 40 m tief. Erst etwa 50 Seemeilen nordwestlich von Cuxhaven, etwa 25 Seemeilen nordwestlich von Borkum und 30 Seemeilen westlich von Sylt treten Tiefen von 40 m auf. Dort beginnen die über 40 m tiefe sog. Südliche Schlickbank und der Austerngrund. Nordwestlich von diesen etwas tieferen Gebieten hebt sich der Boden aber wieder zu der Doggerbank, die innerhalb der 40 m-Linie etwa die Flächenausdehnung von Schleswig-Holstein hat und in ihren flachsten Teilen bis 13 m Tiefe emporsteigt, so daß dort mitten in der Nordsee bei schwerem Wetter sogar Brandung steht. Erst nördlich der Doggerbank werden etwas schneller größere Tiefen erreicht, aber Tiefen über 100 m treten südlich einer Linie von der Südküste des Moray Firth bis Kap Skagen nur ganz vereinzelt auf! Auch nördlich dieser Linie senkt sich die Nordsee nur wenig unter 100 m. Nur in der Norwegischen Rinne, die wohl ähnlich wie die norwegischen Fjorde entstanden ist, treten Tiefen bis zu 700 m auf. Der Boden der gesamten Nordsee bildet ebenso wie z. B. der Ostseeboden nur einen Teil des großen europäischen Kontinentalblocks, dessen Rand wir dort annehmen, wo von 200—400 m Meerestiefe an der Boden sich verhältnismäßig viel schneller zu bald ozeanischen Tiefen von Tausenden von Metern senkt. Dort beginnt erst der Ozean; die Nordsee ist ein typisches Schelfmeer, so genannt nach dem als Schelf bezeichneten überfluteten seichten Rand des Kontinentes.

Dieser fast ganz gleichmäßig nach dem Ozean abfallende Boden ist und wird langsam überdeckt mit den Resten der Verwitterung der Gesteine auf dem Festlande, welche dem Meere durch die Flüsse zugeführt werden. Reiner Felsboden kommt

Abb. 30. Ein Schiffbrüchiger gleitet in der Rettungshose an dem Verbindungsseil aus Land (Zu Seite 60)

innerhalb der südöstlichen Nordsee wohl nur an beschränkten Stellen bei Helgoland vor, im übrigen sind Sand und Schlick die vorherrschende Bodenbedeckung. In einzelnen Gebieten treten häufiger größere und kleinere Steine auf, Reste der eiszeitlichen Bedeckung der Nordsee. Diese als „Riff" bezeichneten Stellen, wie Borkum=Riff, Helgoland=Riff, Sylt=Außen=Riff werden von der Schleppnetzfischerei sorgfältigst vermieden, um Netzschaden zu verhüten.

2. Physikalische und chemische Eigenschaften des Meerwassers

Sowohl inbezug auf die Tiefen wie auch die Ablagerungen am Meeresboden erweist sich die Nordsee und insbesondere die Deutsche Bucht als durchaus zum Kontinente Europa gehörig, Kontinent im weiteren Sinne als „Kontinentalblock" aufgefaßt. In entsprechender Weise lassen sich auch bei den Eigenschaften des Wassers starke Beeinflussungen durch das Festland erkennen, am deutlichsten ist dies bei der Temperatur und beim Salzgehalt der Fall. Über die Wassertemperaturen im Bereiche der Deutschen Bucht geben die beiden folgenden Zahlenreihen eine Vorstellung.

Mittlere Wassertemperaturen bei Hamburg und Helgoland (°C)

	Jan.	Febr.	März	April	Mai	Juni	Juli	Aug.	Sept.	Okt.	Nov.	Dez.	Jahr
Elbwasser b. Hamburg (Mittel 1876—1925)	1,8	0,8	1,2	3,4	8,7	14,4	18,3	19,4	18,6	15,6	10,1	4,9	9,8
Helgoland zwischen Düne und Helgoland (1893—1908)	3,9	2,6	3,1	5,2	8,5	12,3	15,0	16,2	15,6	13,2	9,9	6,5	9,4

Abb. 31. Der Raketenapparat. Falls das Wrack bei zu hohem Seegang mit dem Boot nicht zu erreichen ist, wird vom Land aus eine Rakete mit einer dünnen Leine nach dem Wrack abgeschossen. Mittels dieser Leine wird dann das eigentliche Rettungsseil hinübergezogen und am Schiffsmast befestigt. An diesem Seil befindet sich die Rettungshose, die die Schiffbrüchigen nach dem Lande befördert (Zu Seite 60)

Abb. 32. Ein Rettungsboot der Gesellschaft zur Rettung Schiffbrüchiger, unmittelbar nach dem Hinabgleiten vom Wagen in die See (Zu Seite 59)

Dies sind aber nur Mittelwerte eines längeren Zeitraumes, das Mittel eines einzelnen Jahres und noch mehr die an einzelnen Tagen tatsächlich anzutreffende Temperatur kann hiervon bedeutend abweichen. — In der Elbe bei Hamburg schwankt die Temperatur in den Mittelwerten zwischen 0,8° im Februar und 19,4° im August, also um 18,6°, bei Helgoland zwischen 2,6° und 16,2° in den gleichen Monaten, also nur um 13,6°! Ähnlich wie in Helgoland sind die Temperaturen an der ganzen deutschen Nordseeküste, nur ist das Wasser im Winter etwas kühler, im Sommer etwas wärmer als bei Helgoland. Dies lassen die in Abb. 24 dargestellten Linien gleicher Temperatur für die Monate Februar und August erkennen. Insbesondere tritt auf ihnen hervor, daß im Winter die niedrigsten Temperaturen in Landnähe auftreten und im Sommer umgekehrt dort die höchsten Temperaturen zu finden sind. Dies entspricht einer allgemein gültigen Gesetzmäßigkeit. Das Land erwärmt sich im Sommer durch die Sonnenstrahlung viel schneller als das Wasser; dies ist im wesentlichen in zwei Ursachen begründet, einmal in der Verschiedenheit der spezifischen Wärmen von Land und Wasser oder roh ausgedrückt: Bestimmte Mengen Sand oder Gestein gebrauchen weit geringere Mengen an Wärme als die gleiche Menge Wasser, um die Temperatur um einen gleichen Betrag zu erhöhen. Weiter kommt noch als wesentlich hinzu, daß beim Wasser nicht nur die oberste Schicht erwärmt wird, sondern bis in recht große Tiefen hinab, in der südlichen Nordsee jedenfalls bis zum Boden, denn infolge von Wellen- und Gezeitenbewegungen tritt eine weitgehende Vermischung des Wassers ein; im Meere müssen also durch die Sonne weit größere Mengen eines ohnehin schwerer zu erwärmenden Stoffes erwärmt werden als auf dem Lande. Daher kommt es, daß im Sommer das unsere Nordsee umgebende Land höhere Temperaturen aufweist als das benachbarte Meer, ebenso ist es natürlich mit dem auf dem Lande zirkulierenden und von ihm abfließenden Wasser. Dementsprechend sind die Lande benachbarten Meeresgebiete höher erwärmt als die landferneren Teile der Nordsee. Umgekehrt ist es im Winter. Schon die Abgabe verhältnismäßig geringer Wärmemengen

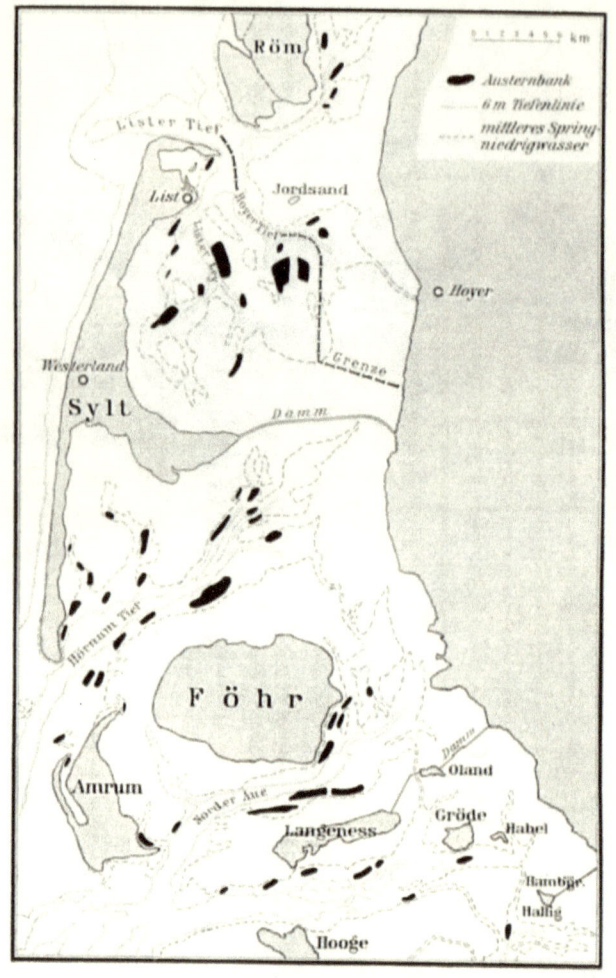

Abb. 33. Austernbänke Nordfrieslands (Zu Seite 61)

genügt, um die Temperatur des Landes erheblich zu erniedrigen, die Abgabe einer gleichen Wärmemenge durch das Wasser aber ruft eine weit geringere Temperaturänderung hervor und weiterhin spielt auch hier die leichte Beweglichkeit des Wassers eine entscheidende Rolle. Hat sich die oberflächliche Schicht des Meeres durch Wärmeabgabe an die Luft etwas abgekühlt, so wird die Dichte des Wassers größer und das Oberflächenwasser sinkt in die Tiefe, so daß im Laufe des Winters nicht nur das oberflächennahe Wasser sondern die ganze Wassermasse bis zum Boden hin abgekühlt wird. Die Folge der großen Wärmeaufspeicherung in der gesamten Wassermasse im Laufe des Sommers ist, daß im Winter zwar auch eine große Wärmemenge abgegeben wird, die Temperatur aber weit weniger sinkt als auf dem Lande. In Küstennähe wird nun das Meerwasser durch das vom Lande abfließende kalte Wasser sehr stark beeinflußt, so daß dort im Gegensatz zum Sommer die niedrigsten Temperaturen auftreten. Der Vergleich zwischen den oben gegebenen Temperaturwerten von Hamburg und Helgoland zeigt dies deutlich. Hieraus folgt, daß der Gegensatz zwischen Winter und Sommer auf dem Lande am größten sein und im Meere von der Küste bis hinaus auf den Ozean abnehmen muß. Dies ist in der Tat der Fall. Auf dem Atlantik zwischen Schottland und den Färöern beträgt der Unterschied zwischen den Wassertemperaturen des wärmsten und kältesten Monats nur etwa 4° gegenüber 13,6° bei Helgoland und 18,6° bei Hamburg!

Eine weitere Folge der geschilderten Wärmeeigenschaften von Land und Wasser ist die Verspätung des sommerlichen Maximums und winterlichen Minimums der Wassertemperatur. Juli, August und September sind für das Nordseewasser die

Abb. 34. Achterdeck des Austerndampfers „Gelbstern" mit aufgeholten Austernkratzern. Im Hintergrunde die Hallig Gröde (Zu Seite 61)

wärmsten Monate. Die herbstliche Abkühlung tritt an der Nordseeküste also erst später ein als auf dem Lande. Dies ist natürlich klimatisch von größter Bedeutung und ist der Grund für die klimatische Bevorzugung des Küstengebietes der Nordsee und besonders der Nordseeinseln vor allem im Herbst (vgl. S. 73).

Wer es nicht schon weiß, wird es bei dem ersten Bad im Meere merken, daß das Nordseewasser salzig ist. Woraus besteht und woher kommt der Salzgehalt der Meere, sind die ersten Fragen, die sich dem Besucher unserer Nordseeküsten aufdrängen. Eine der wichtigsten Erkenntnisse, welche die chemische Untersuchung des Meerwassers geliefert hat, ist nun, daß zwar die absolute Menge des gelösten Salzes in den einzelnen Meeresgebieten und auch innerhalb der Nordsee sehr schwankt, daß aber die Zusammensetzung des Salzes überall die gleiche ist, mit geringfügigen Ausnahmen, auf die noch zurückzukommen sein wird. Dieser Satz von der Konstanz der Zusammensetzung des im Meerwasser gelösten Salzes ist das Ergebnis einer großen Anzahl von Analysen, die an Wasserproben aus allen Meeren der Erde ausgeführt worden sind. Die hauptsächlichsten Bestandteile des Salzes sind folgende:

Zusammensetzung des im Meerwasser gelösten Salzes

	In 1000 gr Wasser	in % aller Salze
Chlornatrium (Kochsalz), NaCl	27,21 gr	77,76 %
Chlormagnesium, MgCl$_2$	3,81 gr	10,88 %
Magnesiumsulfat (Bittersalz), MgSO$_4$	1,66 gr	4,74 %
Calciumsulfat, CaSO$_4$	1,26 gr	3,60 %
Kaliumsulfat, K$_2$SO$_4$	0,86 gr	2,46 %
Calciumcarbonat, CaCO$_3$	0,12*gr	0,34* %
Magnesiumbromür, MgBr$_2$	0,08 gr	0,22 %
Summe	35,00 gr	100,00 %

*) Hier sind alle anderen in Spuren vorhandenen Salze mit eingerechnet.

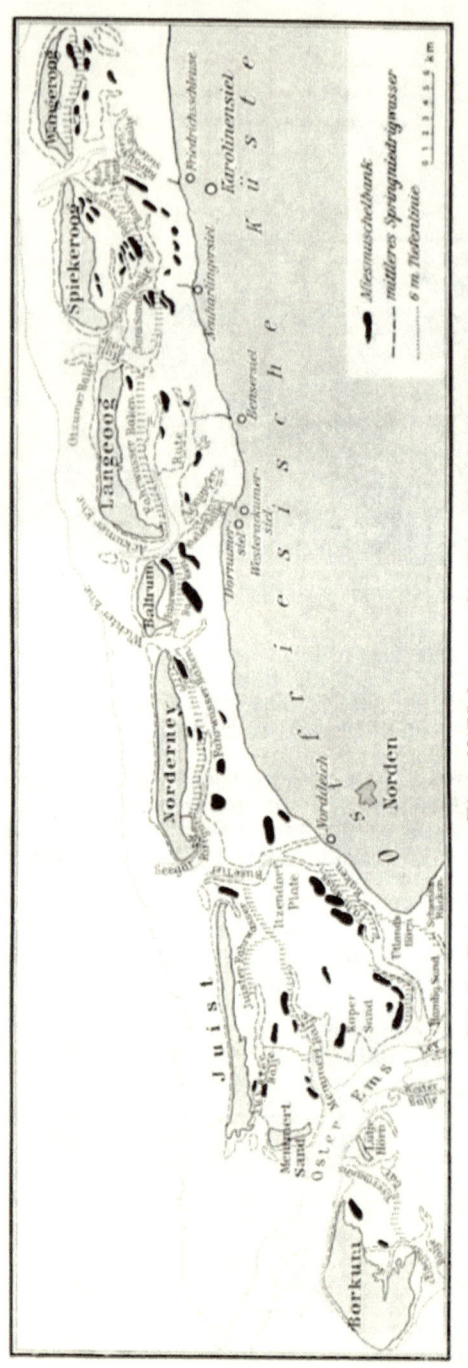

Abb. 35. Verbreitung der Miesmuschelbänke an der ostfriesischen Küste (Zu Seite 64)

Mehr als ³/₄ der gesamten gelösten Salzmenge ist also Kochsalz, mehr als ¹/₇ besteht aus Magnesiumsalzen, und die drei Salze Kochsalz, Chlormagnesium und Bittersalz machen zusammen mehr als ⁹/₁₀ des Gesamtsalzgehaltes aus! Die Magnesiumsalze sind noch besonders erwähnenswert, weil sie es sind, die dem Meerwasser den charakteristischen bitteren Geschmack verleihen. Außer den in der Tabelle Seite 31 angeführten Salzen sind im Meerwasser noch viele andere vorhanden; von den über 80 bekannten Elementen hat man fast die Hälfte im Meere nachweisen können und man darf wohl annehmen, daß auch die übrigen im Meere vorhanden sind, wenn auch in so geringen Mengen, daß sie sich der Feststellung bislang entzogen haben. Auch Gold und Silber sind im Meere nachgewiesen, nach Haber ist der mittlere Gehalt des Rheinwassers an Gold ³/₁₀₀₀ mg im cbm; ist diese Menge auch sehr gering, so werden doch durch die großen im Rhein zum Meere abfließenden Wassermengen jährlich etwa 200 kg Gold dem Meere zugeführt und an Silber etwa die doppelte Menge! Die anderen Flüsse werden der Nordsee wahrscheinlich ihrer Wasserführung entsprechende Mengen zuführen. Sind so unzweifelhaft ganz allgemein im Meere und auch im Nordseewasser große Gold- und Silbermengen vorhanden, so ist jedoch die Verteilung derart fein, daß eine Gewinnung dieser Edelmetalle aus dem Meere bislang nicht in Frage kommt.

Die Bemerkung über die Goldführung des Rheines zeigt schon, daß dem Meere fortwährend neue Salzmengen zugeführt werden und zwar sind es Salze verschiedenster Art, wie sie bei der Verwitterung des

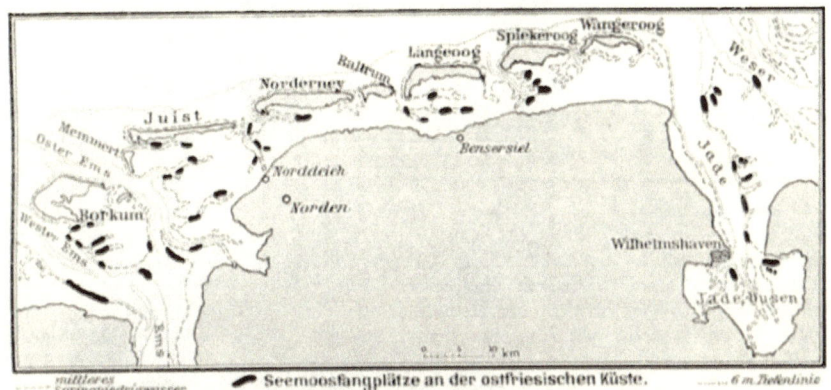

Abb. 36 (Zu Seite 65).

Erdbodens entstehen. In erster Linie ist es der kohlensaure Kalk, der unter der Einwirkung des aus der Luft mit Kohlensäure angereicherten Regenwassers verhältnismäßig leicht löslich ist. Da besonders in Mitteldeutschland Kalkgesteine anstehen und auch die lockere Gesteinsdecke in Norddeutschland kalkhaltig ist, wird den Flüssen sowohl durch den oberflächlich abfließenden Niederschlag wie auch durch das Grundwasser viel gelöster Kalk zugeführt. Aber auch alle anderen Gesteine, selbst Granit, sind dem mit Kohlensäure und außerdem mit organischen Säuren angereicherten Wasser gegenüber nicht unangreifbar und werden zersetzt, wenn auch erheblich langsamer als der Kalk. Die Folge davon ist, daß das Meerwasser in der Nähe von Flußmündungen eine etwas abweichende Zusammensetzung des Salzgehaltes zeigt. In der Deutschen Bucht ist vor allem der Gehalt an Kalk größer als normal; erst in der nördlichsten Nordsee verwischt sich der Einfluß der Landwasser auf den Salzgehalt soweit, daß die oben erwähnte Konstanz der Zusammensetzung des Salzgehaltes wieder gültig ist. Da auch durch das meiste

Abb. 37. Frauen beim Fischen mit Schiebehamen. Wesermündung
(Zu Seite 63)

übrige von den Kontinenten ins Meer gelangende Wasser diesem in erster Linie Kalk und nur ganz wenig Kochsalz und Magnesiumsalze*) zugeführt werden, kann der Salzgehalt des Meeres nicht durch eine Auslaugung des Festlandes, wie sie heute erfolgt, erklärt werden. Wenn wir zu einer richtigen Vorstellung kommen wollen, müssen wir uns in die Entstehungszeit der Erdrinde zurückzuversetzen suchen. Als die feste Erdkruste sich bildete, wurde sie noch lange Zeit hindurch, wie es in vermindertem Maße ja auch jetzt noch geschieht, von den unter der Erdkruste vorhandenen Magmamassen durchbrochen, wodurch neben den vulkanischen Gesteinen auch Salze wie Kochsalz, Salmiak usw. auf der Erdoberfläche zum Niederschlag gelangten, wie es heute noch bei Vulkanausbrüchen z. B. beim Vesuv beobachtet werden kann. Nach fortgesetzter Abnahme der Temperatur der Erdoberfläche konnte schließlich Wasser in flüssiger Form bestehen, das sich in den vorhandenen Hohlformen, den Urmeeresbecken, ansammelte; durch den sogleich einsetzenden Kreislauf des Wassers wurden die leicht löslichen Stoffe, also vor allem die heutigen Hauptbestandteile des Salzes im Meere, von dem Festlande dem Urozean zugeführt, genau so wie auch heute noch in das Weltmeer durch die Flüsse lösliche Verbindungen verfrachtet werden. Im Laufe der langen geologischen Zeiträume sind aus der ganzen Erdkruste, so weit sie vom Grundwasser durchsickert wird, fast alle leichtlöslichen Stoffe fortgeführt worden und nur durch Vulkaneruptionen wird die Menge des Kochsalzes usw. noch heute an der Erdoberfläche vermehrt. Ganz ursprünglich werden gewiß in den einzelnen Meeresbecken auch vielleicht beträchtliche Unterschiede in der Zusammensetzung des ozeanischen Salzes bestanden haben, diese sind aber im Laufe der seitdem verflossenen Jahrmillionen, in denen sich die Grenzen der Meere und Festländer stark verändert haben, völlig verwischt worden.

Der mittlere Salzgehalt des Meeres ist etwa 35 °/oo, d. h. in 1000 gr Seewasser sind 35 gr Salz vorhanden, der Salzgehalt in der Deutschen Bucht schwankt im allgemeinen zwischen etwa 30 bis 34 °/oo, ist also erniedrigt und zwar durch den starken Süßwasserzufluß vom Lande. In Helgoland hat man durch tägliche Beobachtungen zwischen der Hauptinsel und der Düne in den Jahren 1893 bis 1908 die folgenden Monatsmittel für den Salzgehalt festgestellt:

Salzgehalt bei Helgoland. Mittlere Werte 1893—1908 in Promille

Jan.	Febr.	März	April	Mai	Juni	Juli	Aug.	Sept.	Okt.	Nov.	Dez.	Jahr
33,1	32,6	32,3	31,4	31,3	31,4	31,6	31,9	32,0	32,3	32,8	32,9	32,1

Der höchste während der genannten Zeit bei Helgoland beobachtete Salzgehalt betrug 35,07 °/oo, der niedrigste 22,26 °/oo, die möglichen Unterschiede sind also ganz beträchtlich, sie sind natürlich auf einen wechselnden Einfluß des von der Elbe und Weser herangeführten Süßwassers zurückzuführen, ebenso auch der in obiger Zahlenreihe zutage tretende jährliche Gang des Salzgehaltes. Die größten Wassermengen werden dem Meere durch Elbe und Weser im März und April zugeführt, die Folge davon ist, daß von April bis Juni, also mit einer kleinen Verspätung, die Salzgehalte bei Helgoland am niedrigsten sind. In ähnlicher Weise besteht auch in den übrigen Monaten ein Zusammenhang zwischen den ins Meer gelangenden Süßwassermengen und der Höhe des Salzgehaltes. Die in Abb. 25 dargestellten beiden Kärtchen des Salzgehaltes der Deutschen Bucht für Februar und August zeigen die jahreszeitlichen Unterschiede ebenfalls.

---

*) Das in den dolomitischen Kalken vorhandene Magnesiumcarbonat geht meist nicht in Lösung, sondern wird dem Meere in der Flußtrübe zugeführt.

Abb. 38. Modernes Fisch-Motorschiff. 45 m lang mit Dieselmotoren von 600 P.S. (Zu Seite 68)

Das im Meerwasser gelöste Salz hat einen auch praktisch sehr wichtigen Einfluß auf die physikalischen Eigenschaften des Wassers, insbesondere auf den Gefrierpunkt und die Dichte. Chemisch reines Wasser gefriert bei 0° C, dies ändert sich aber durch Aufnahme von Salzen, nur eine ganz geringe Beimengung von Meerwasser verursacht bereits eine Erniedrigung des Gefrierpunktes. Es gefriert Wasser von einem Salzgehalt von 1°/$_{00}$ bei — 0,055°, von 10°/$_{00}$ bei — 0,534°, von 20°/$_{00}$ bei — 1,074°, von 30°/$_{00}$ bei — 1,627° und von 35°/$_{00}$ bei — 1,910°, so daß also das in der Deutschen Bucht vorkommende Seewasser bei ungefähr — $1\frac{1}{2}$° bis — 2° C gefriert. Auf offener See werden so niedrige Wassertemperaturen nie erreicht, wohl aber in Nähe der Küste; dort wird die Eisbildung durch zwei Ursachen erleichtert: durch die dort vorhandene Erniedrigung des Salzgehaltes und auch der Temperatur. Die erste Eisbildung tritt meist auf den Sänden und Wattflächen ein, da diese bei niedrigen Wasserständen in starkem Maße Wärme an die Luft abgeben, so daß das bei Ebbe zurückbleibende Wasser zu gefrieren vermag. Bei Flut wird dies neugebildete Eis meist vom Boden abgehoben und durch den Gezeitenstrom in das Fahrwasser vertrieben, vielfach staut es sich auf dem Watt und auf den Sänden und wird hoch aufgetürmt (Abb. 27).

Abb. 39. Fischereihafen Bremerhaven. Fischversteigerung. Aufnahme der Verwaltung des Fischereihafens (Zu Seite 68)

Die Stärke der Eisbildung schwankt in den einzelnen Jahren natürlich beträchtlich und die Windrichtung übt einen starken Einfluß auf die Bewegung der gebildeten Eismassen aus und auf das Maß der Behinderung der einzelnen Flußmündungen und Häfen. Der sonst regelmäßige Dampferverkehr an der Küste und nach den Inseln ist während der Eisperiode stark behindert und zeitweise ganz unterbrochen; die Segelschiffahrt ruht an der Küste gänzlich. Die Eider friert in strengen Wintern bis unterhalb von Tönning zu, doch tritt dies nur selten ein und meist ist Tönning wenigstens mit Schlepperhilfe erreichbar. Auf der Unterelbe findet zwischen Cuxhaven und Glückstadt ein völliges Zufrieren überhaupt nicht statt und auch oberhalb wird der Verkehr mit Hilfe von Eisbrechern bis Hamburg aufrecht erhalten. Nur selten ist der Verkehr tiefgehenden Fahrzeugen unmöglich, die kleine Schiffahrt ist jedoch bei stärkerer Eisbildung bald erschwert oder ganz unterbrochen. Auch auf der Weser wird in der sich oberhalb Bremerhaven bei starkem Frost bildenden Eisdecke durch Eisbrecher eine Fahrrinne bis Bremen offen gehalten. Unterhalb von Bremerhaven vermag sich eine geschlossene Eisdecke nicht zu bilden. In der Jade entsteht Eis am leichtesten im inneren Jadebusen, erst bei stärkerem Frost in der Innen- und Außenjade, die Außenjade von Minsener Old Oog ab ist meist eisfrei bis auf loses Treibeis. Auf der Ems friert das Fahrwasser unterhalb von Emden nur selten gänzlich zu.

Die Kenntnis vom Zustande des Eises der deutschen Nordseeküste und auf den Unterläufen der Flüsse ist von allergrößter praktischer Bedeutung für die Schiffahrt. Es ist deshalb eine größere Zahl von Eisbeobachtungsstationen eingerichtet, von denen aus täglich 8 Uhr über die örtlichen Eis- und Schiffahrtsverhältnisse nach der Deutschen Seewarte telegraphisch gemeldet wird. Die dort zusammengestellten Eisberichte werden mit möglichster Beschleunigung an die

Abb. 40. Cuxhaven. Fischhallen. Aufnahme Dr. H. Halste, Hamburg (Zu Seite 68)

interessierten Kreise telegraphisch weitergegeben und auch durch Rundfunk verbreitet; auch werden die gedruckten Eisberichte den täglichen Wetterberichten beigelegt. An verschiedenen Hamburger Plätzen, so an der Börse usw., werden außerdem täglich von der Deutschen Seewarte herausgegebene Karten ausgehängt, auf denen die an dem betreffenden Morgen herrschenden Eisverhältnisse an der deutschen Nordseeküste, aber auch in der gesamten Ostsee ersichtlich sind. Für die von draußen kommenden Schiffe sind die Eisauskunftsstellen auf Helgoland, Borkum, in Cuxhaven und auf Feuerschiff Borkum-Riff, die telegraphisch von der Deutschen Seewarte unterrichtet werden, von größter Bedeutung, ebenso die Eissignale, die auf dem Feuerschiff Borkum-Riff und den Leuchttürmen „Roter Sand" und „Hoher Weg" gezeigt werden.

Nicht minder praktisch und auch für den Badenden bedeutungsvoll ist der Einfluß des Salzgehaltes auf die Dichte des Meerwassers. Wie allgemein bei Flüssigkeiten nimmt die Dichte von einer gewissen Temperatur an bei Temperaturzunahme ab; so auch beim Wasser. Seine größte Dichte wird (ganz reines Wasser vorausgesetzt) bei $+4°$ C erreicht. Die Folge davon ist, daß in Süßwasserseen mit zunehmender Abkühlung das an der Oberfläche abgekühlte Wasser in die Tiefe sinkt und das wärmere tiefer gelegene Wasser an die Oberfläche kommt, bis die ganze Wassermasse die Temperatur von $4°$ C hat. Tritt nun weitere Abkühlung ein, so sinkt zwar die Temperatur des Oberflächenwassers, aber es sinkt nicht in die Tiefe, denn es wird ja wieder leichter, und schließlich gefriert es, aber das Wasser der tieferen Schichten behält einen erheblichen Wärmevorrat, es bildet sich also eine Schichtung des Wassers heraus und das tierische Leben kann im allgemeinen in der Tiefe aus diesem Grunde den Winter auch in sehr kalten Gebieten überdauern. Anders ist es mit der winterlichen Temperaturverteilung im Meere; das Salzwasser von z. B. 32—33 $°/_{00}$, wie es bei den Nordseeinseln vorkommt, hat seine größte Dichte bei $-3°$. Wenn im Winter an der Oberfläche des Wassers Abkühlung eintritt, so sinkt das abgekühlte Wasser hinab und es entwickelt sich ein lebhafter senkrechter Wasseraustausch, der bewirkt, daß im Winter die ganze Wassermasse der Nordsee zwischen der Oberfläche und dem Boden nur geringe Temperaturunterschiede aufweist. Dies wird erst wieder im Frühjahr anders, wenn die Wasseroberfläche durch die zunehmende Sonnenstrahlung erwärmt wird und die oberen Wasserschichten dadurch wieder leichter werden; der große vertikale Wasseraustausch hört auf und es bildet sich nun eine für den Sommer charakteristische Schichtung mit oberem wärmeren und darunter liegendem kälteren Wasser heraus. Außerdem ist noch der Temperaturunterschied zwischen Tag und Nacht von Bedeutung, er spielt aber eine wesentlich geringere Rolle als der jahreszeitliche Unterschied.

Wenn diese geschilderten Verhältnisse auch für den Wärmeinhalt des Meeres von allergrößter Bedeutung sind, so ist der Einfluß des Salzgehaltes auf die Größe der Dichte des Meerwassers augenfälliger. Ein Kubikmeter destillierten Wassers wiegt bei 20° C 998 kg, das gleiche Volumen Seewasser mit einem Salzgehalt von 33 °/₀₀ wiegt aber 1023 kg also 25 kg mehr. Hierauf beruht die den Badenden geläufige Erfahrung, daß das Meerwasser besser trägt. Nach dem bekannten Archimedes'schen Prinzip verliert ein Körper im Wasser scheinbar soviel an Gewicht wie die Flüssigkeit wiegt, die er verdrängt. Nehmen wir

Abb. 41. Eisenbahndamm zwischen Sylt und dem Festlande (Zu Seite 74 u. 80)

für den Rauminhalt eines erwachsenen Menschen ganz roh $1/14$ cbm an, so beträgt der das Schwimmen erleichternde Gewichtsverlust bei völligem Eintauchen in reinem Wasser von 20° C 71 kg, in Seewasser von 33 °/₀₀ mit der gleichen Temperatur: 73 kg, der sog. Auftrieb ist also 2 kg größer; dieser Unterschied ist umso bedeutender, je voluminöser die badende Person ist!

Diese Dichteunterschiede spielen auch eine praktisch höchst bedeutungsvolle Rolle bei der Beladung der Schiffe. Diese tragen an der Seite in der Nähe der Wasserlinie sog. Lademarken, die oberste gilt für Süßwasser und die darunter befindlichen für Ostsee- und Nordseewasser wie schließlich für ozeanisches Wasser. Wird das Schiff im Hafen von Hamburg oder Bremen so weit beladen, daß es bis zur obersten Marke eintaucht, so wird es im schwereren Salzwasser so weit emporgehoben, daß sich dann die tieferen Lademarken in der Wasserlinie befinden. —

Weiter ist der Salzgehalt mittelbar auf die Bildung des Schaumes von Einfluß.

Fast immer ist auf dem Meere Schaum zu sehen. Die Beobachtung zeigt, daß der Schaum nichts Beständiges ist, sondern nach einiger Zeit vergeht. An

Abb. 42. Sylter Südbahn und Dampferstation Hörnum. Der 19 Seemeilen weit sichtbare Leuchtturm steht auf 17 m hoher Düne. Aufnahme Hans Breuer, Hamburg (Zu Seite 80)

dem von den auflaufenden Wellen auf den Strand geworfenen Schaum läßt sich leicht feststellen, daß der Schaum nichts weiter als von einer Wasserhaut umschlossene Luft ist. Wenn sich eine Welle überschlägt, wie es vor allem in der Brandungszone der Fall ist, wird mit dem Wasser Luft vermischt, diese steigt in zahllosen Blasen hoch, vermag aber nicht immer die Wasseroberfläche zu durchbrechen und es bildet sich Schaum; die oberste Wasserhaut setzt also ihrer Durchdringung einen Widerstand entgegen. Das Wasser hat eine gewisse Oberflächenspannung, diese ist so groß, daß sie es einigen Insektenarten ermöglicht, sogar auf der Oberfläche des Wassers zu laufen; die Beine dieser Wasser- und Meerläufer (Limnobates und Halobates) sind meist lang und weit gespreizt, außerdem mit Fett absondernden Härchen besetzt. Die Beobachtung zeigt, daß die Oberflächenspannung des Süßwassers geringer ist als die des Salzwassers und

Abb. 43. Schulhaus in Rantum auf Sylt. Das kleinste Schulhaus Deutschlands. Aufnahme Dr. H. Halske, Hamburg (Zu Seite 79)

daß sie mit wachsendem Salzgehalt zunimmt. Auch auf der Oberfläche von Flüssen und Süßwasserseen bildet sich Schaum, doch entsteht er weniger leicht und ist auch weniger beständig als im Meerwasser. Wenn man einen der in die Nordsee mündenden Flüsse hinabfährt, kann man sich davon durch Beobachtung der Bugwelle des Schiffes oder des von der Schraube am Heck aufgewühlten Wassers leicht überzeugen und den Übergang von Süß- zum Salzwasser dadurch feststellen; meist verändert sich auch die Farbe des Schaumes von gelblich zu rein weiß.

Ganz außerordentlich selten ist das Wasser der Nordsee so ruhig, daß am Strande der offenen See keine Brandung auftritt, nur wenige Besucher unserer Nordseebäder werden das je beobachtet haben; selbst bei windstillem Wetter ist fast stets noch Dünung im Wasser, die Veranlassung zur Brandung und damit zur Schaumbildung am Strande gibt. Meist aber ist selbst bei den geringen Windstärken 1 oder 2 kräftige Brandung vorhanden, die Küste von durch die Brandungswellen immer neu gebildeten Schaumstreifen begleitet (Abb. 5, 26 u. 29). Dieser Brandungsschaum, wie ihn O. Baschin genannt hat, ist also eine ganz allgemeine und alltägliche Erscheinung, die in bezug auf das Maß ihrer Ausbildung von der Stärke der Brandung abhängt.

Auf offener See wird man Schaum immer am Bug des fahrenden Schiffes, auf dem Kamm der Bugwelle und besonders am Heck des Schiffes an der Oberfläche des durch die Schiffsschraube aufgewühlten Wassers beobachten können. Im freien, durch das Schiff unbeeinflußten Wasser aber tritt Schaum auf den Wellenköpfen erst auf, wenn der Wind etwa die Stärke 3 erreicht hat, also etwas stärkerer Seegang herrscht. Man pflegt den Zustand der See, bei dem zuerst Schaumbildung zu beobachten ist, als „Seegang 3" zu bezeichnen; Seegang 0 herrscht bei spiegelglatter See, Seegang 1 und 2 stellen Übergänge von diesem Stadium bis zur stärkeren Bewegung mit erster Schaumbildung dar. Wenn Schaumbildung auftritt, so ist dies ein Zeichen dafür, daß der Wind dann eine größere Geschwindigkeit als die Wellen besitzt, er faßt hinter die Wellenkämme und verursacht deren Überschlagen, wodurch die zur Schaumbildung führende Vermischung mit Luft eintritt. Je heftiger der Wind ist, desto höher sind die Wellen und desto stärker die Schaumbildung. Bei starkem Sturm endlich bildet sich nicht nur auf den Wellenkämmen Schaum, sondern fast die ganze Oberfläche wird durch die schräg auf die Wasseroberfläche gelangenden Windstöße mit Luft vermischt, so daß dann das wild bewegte Meer fast ganz mit Schaum von wechselnd starker Ausbildung bedeckt ist (Abb. 26). Dieser „Orkanschaum" kommt nicht nur auf dem offenen Ozean vor, wie in den stürmischen Gebieten von Kap Horn, sondern ist bei starken Stürmen auch in der Nordsee zu beobachten.

Eine am Strande zu beobachtende reizvolle Erscheinung sind die sog. „Schaummähnen", diese bilden sich heraus, wenn bei starker, durch auflandigen Wind erzeugter Brandung der Wind dreht und nun vom Lande her weht, dann wird der an den Wellenkämmen entstehende Schaum vom Lande fortgeweht, also entgegengesetzt der Bewegung der Brandungswellen, so daß vielfach der Vergleich mit flatternden, weißen Pferdemähnen gezogen worden ist. „Nimmt man die in solchem Stadium vorherrschende und wahrscheinlich durch die entgegengesetzte Richtung von Wasser und Wind hervorgerufene hüpfende Bewegung der Welle hinzu, so ergibt sich eine überraschende Ähnlichkeit mit galoppierenden Pferden, deren weiße Mähnen im Winde flattern ... und es ist daher erklärlich, daß bei den Dichtern aller Zeiten, von Homer angefangen, bei Friedrich Theodor Vischer, Holger Drachmann, Detlev von Liliencron, Gustav Frenssen, um nur einige wenige zu nennen, solche Meereswellen als Rosse des Poseidon, Wellenrosse, Wogenreiter, flatternde Mähnen usw. besungen werden. Es ist leicht möglich, daß im Mittelländischen Meer dieses Phänomen bekannter ist als bei uns. Erstens ist nämlich der die Schaumbildung fördernde Salzgehalt jenes Meeres

Abb. 44. Segelboote auf der Niederelbe in mondheller Nacht
Aufnahme C. Lohmann, Hamburg-Blankenese

Abb. 45. Weißes Kliff auf Sylt. Aufnahme Dr. H. Halske, Hamburg (Zu Seite 78)

erheblich größer, zweitens dürften die starke Küstenzergliederung und der Inselreichtum öfter zu einem Umschlag des Windes, insbesondere einem Wechsel zwischen Land- und Seewind führen . . ." (O. Baschin).

Auf offener See hat man gelegentlich auch die Möglichkeit, den sog. Spritzschaum zu beobachten, der z. B. entsteht, wenn sich die Heckwellen von zwei sich begegnenden Dampfern kreuzen. Durch die Interferenz dieser Wellen addieren sich in bestimmten Abständen die Wellenberge, und durch den dahinter fassenden Wind bildet sich an diesen einzelnen Stellen von geringer Ausdehnung Schaum. Die gleiche Erscheinung, nur räumlich ausgedehnter, kann entstehen, wenn sich auf See zwei verschiedene Wellensysteme durchdringen.

Wenn man von der Weser oder Elbe in das Meer hinausfährt, so läßt sich ein auffälliger Wechsel in der Farbe des Wassers beobachten. Das Fluß-

Abb. 46. Morsumkliff auf Sylt. Aufnahme Dr. H. Halske, Hamburg (Zu Seite 78)

wasser ist infolge der mitgeführten Schlamm- und Schlickteilchen und auch der vielen von den Städten den Flüssen zugeführten Abfälle meist schmutzig grau gefärbt. Auch innerhalb des Inselgürtels beobachten wir vorwiegend eine graue Färbung, weil im Wattengebiet durch den ständigen Wechsel von Flut- und Ebb-strom von den zur Ablagerung gelangten Schlickteilchen ständig ein Teil aufgewühlt und vom Wasser wieder mit fortgeführt wird. Draußen aber nimmt das Wasser schnell eine grünliche Färbung an, für denjenigen, der zum ersten Mal aufs Meer kommt, ein Anblick von überraschender Schönheit und doch ist auch dies Wasser noch, wenn auch weniger stark, durch Schlammteilchen und durch unzählige Planktonorganismen verunreinigt. Die Farbe reinen Wassers dagegen ist blau! Blauem Wasser begegnet man erst in den nordwestlichen Teilen der Nordsee in den Übergangsgebieten zum Ozean und westlich vom Kanal. Wenn man von Westen kommend tagelang in dem herrlich blauen Wasser des Ozeans gefahren ist und dann in die Gewässer der nordwesteuropäischen Schelfmeere kommt, so erkennt man erst, daß dort von reinem Wasser keine Rede sein kann.

Worauf ist nun diese verschiedene Färbung des Wassers zurückzuführen? Zunächst einmal hat man zu unterscheiden zwischen der Färbung, die durch das von der Wasseroberfläche reflektierte Licht bewirkt wird und der sog. „Eigenfärbung" des Wassers. Die ruhende Wasseroberfläche strahlt das vom Himmel oder den Wolken ausgestrahlte Licht zurück; das Wasser wirkt wie ein großer Spiegel und bei bewegtem Wasser spiegelt jede einzelne Welle; entsprechend dem veränderlichen Aussehen des Himmels ist auch das von der ruhenden oder bewegten Wasseroberfläche zurückgestrahlte Licht stark wechselnd. Will man nicht diese „Reflexfarbe", sondern die Eigenfärbung des Wassers sehen, so muß man nach einer Gelegenheit suchen, das Wasser zu betrachten, ohne daß reflektiertes Licht ins Auge gelangt. Dies ist an Bord mancher Schiffe möglich, indem man das Wasser durch ein tiefgelegenes und vom Wasser überspültes Bullauge betrachtet oder indem man bei Schiffen mit zurückfliehendem Heck nach den Schiffsschrauben sieht oder endlich, wenn man senkrecht durch ein innen geschwärztes Rohr ins Wasser blickt; dann erkennt man die grüne Farbe des Wassers der südlichen Nordsee einwandfrei; vielfach bekommt man auch schon eine richtige Vorstellung, wenn man senkrecht von oben ins Wasser blickt und das seitliche Licht durch die Hände abblendet. Diese sog. Eigenfärbung des Wassers ist natürlich letzten Endes auch durch reflektiertes Licht verursacht, da ja in den Tiefen des Meeres keine Lichtquellen vorhanden sind, aber dieses die Eigen-

Abb. 47. Typisches Sylter Haus in Westerland-Südende. Aufnahme Dr. H. Halske, Hamburg (Zu Seite 80)

Abb. 48. Strandpromenade in Westerland. Aufnahme Dr. H. Halske, Hamburg (Zu Seite 80)

färbung des Wassers bewirkende Licht ist nicht an der Oberfläche, sondern in der Tiefe reflektiert und zwar von den vielen im Wasser schwimmenden organischen und anorganischen Teilchen. Der Unterschied zwischen dem ozeanischen und dem Nordseewasser liegt nun darin, daß im letzteren viel mehr Plankton lebt und auch weit mehr feine Gesteinspartikelchen treiben als im Ozean, das Licht im Nordseewasser also schon viel schneller zurückgeworfen wird als es im ozeanischen Wasser der Fall ist, es also einen kürzeren Weg im Wasser zurückgelegt hat. Dies letztere ist von entscheidender Bedeutung, da das Wasser das hindurchgehende Licht nicht unbeeinflußt läßt. Das in das Wasser hineingelangende Licht ist weiß, d. h. aus allen Teilen des Lichtspektrums zusammengesetzt. Im Wasser erfolgt nun eine Absorption des Lichtes, aber nicht gleichmäßig, sondern vor allem der langwelligen Lichtstrahlen, also des roten und gelben Lichtes; weit weniger wird der grüne und am wenigsten der blaue Teil des Spektrums absorbiert. Je länger also der Weg des Lichtes durch das Wasser ist, desto mehr ist die Farbe nach grün und blau verschoben. Daher hat das Wasser in der südlichsten Nordsee eine gelbgrüne, in der mittleren Nordsee eine grüne bzw. grünblaue Farbe und in der nördlichsten Nordsee und im Ozean ist die Farbe rein blau. Durch den berühmten Erforscher des Genfer Sees Forel ist eine sehr geeignete Vergleichsskala für die Farbe des Wassers eingeführt worden, die sog. „Forelsche Farbskala", die sich jeder leicht selbst herstellen kann durch Mischung einer rein blauen und einer gelben Salzlösung. Als blaues Salz wird Kupferammoniumsulfat (190 gr Wasser + 1 gr Kupfersulfat + 9 gr Ammoniak) und als gelbes Salz chromsaures Kali (1 gr in 199 gr Wasser) benutzt. Die reine blaue Lösung hat die Bezeichnung 0, wird z. B. 95 gr der blauen und 5 gr der gelben Lösung genommen, so hat die Mischung die Bezeichnung 5, usw. In der Nordsee ändert sich die Farbe etwa von 12—17 im Süden auf 8—3 im Norden; im Ozean, in der Sargassosee und im Mittelländischen Meer wird gar die Farbe 0 erreicht.

Das auch in der südlichen Nordsee zu beobachtende Meeresleuchten ist durch ein in unzähligen Exemplaren im Wasser verbreitetes Infusor „Noctiluca miliaris" verursacht, das bei Reiz durch Wellenschlag, durch die Bewegungen der Schiffsschraube und andere Erschütterungen zu leuchten beginnt, ein in seinen Einzelheiten bisher nicht einwandfrei erklärter Vorgang.

Abb. 49. Friesenhäuser bei Aventoft. Aufnahme Th. Thomsen, Flensburg (Zu Seite 74)

3. Wellen, Gezeiten, Meeresströmung

Das Wasser des Meeres ist in ständiger Bewegung. Selbst wenn mehrere Tage hindurch keinerlei Luftbewegung geherrscht hat, ist doch an der Wasseroberfläche fast stets noch ein langsames sich über die Oberfläche hinweg fortpflanzendes Heben und Senken zu beobachten, dies ist die „Dünung", der Rest vielleicht von sturmbewegter See am Orte selbst oder aber durch die Fortpflanzung von durch Sturm draußen auf dem Ozean entstandenen Wellen verursacht. Diese ohne unmittelbar sichtbare Ursache bei ruhigstem Wetter bei sonst spiegelglatter See im Meere auftretende Dünung gehört mit zu den eindrucksvollsten Erscheinungen, die auf See überhaupt zu beobachten sind. Tritt nun zunächst vielleicht nur schwacher Wind auf, so entsteht auf dem Wasser bald eine leichte Kräuselung und mit zunehmendem Winde bilden sich Wellen. Die Ursache dieser Wellenbildung ist von dem Physiker Helmholtz zuerst erkannt worden. Er fand, daß wenn von zwei leicht beweglichen Stoffen der leichtere über den schwereren hinwegbewegt wird, die Reibung zwischen ihnen am geringsten ist, wenn die Grenzfläche zwischen ihnen die Wellenform hat, wobei die Art der Wellen von der Beschaffenheit der bewegten Stoffe und ihrer Geschwindigkeit abhängt. Auf dem Meere können wir derartige Wellen an der Grenze zwischen Luft und Wasser beobachten, auf dem Boden des Meeres an der Grenze zwischen Wasser und Sand oder Schlick und auf dem Lande in den Dünen an der Grenze

Abb. 50. Thinghügel bei Tinnum auf Sylt. Aufnahme Dr. H. Halste, Hamburg (Zu Seite 89)

Abb. 51. Altar in der Sankt Johanniskirche in Nieblum auf Föhr. Aufnahme Dr. H. Halske, Hamburg
(Zu Seite 81)

zwischen Luft und Sand. So haben die Wellenfurchen auf der Sandoberfläche unter dem Wasser und in den Dünen die gleiche Ursache wie die Wellen auf dem Meere. Die Wellenfurchen in der Strandzone, in dem vom Wasser bedeckten Sande, haben also nichts mit den Wellen des Wassers darüber zu tun, sie treten überall auf, wo Wasser über seinen Sand hinwegfließt und sind auch in Flüssen zu beobachten. Derartig regelmäßig wie auf dem Sande unter dem Wasser sind die Wellen auf dem Wasser selbst selten, das ist durch die schnelle Veränderlichkeit des Windes ohne weiteres erklärlich. Meist beobachten wir auf der Wasseroberfläche ein recht unregelmäßiges Auf und Ab des Wassers, weil sich Wellen verschiedenster Entstehung gegenseitig überlagern. Am regelmäßigsten sind die Wellen noch in der Dünung und während eines mehrere Tage hindurch aus gleicher Richtung wehenden Sturmes. Die Höhe der Wellen kann dann in der Nordsee 4—6 m erreichen. — Nimmt die Geschwindigkeit des Windes sehr schnell zu, so kann die Grenzfläche zwischen Luft und Wasser sich nicht schnell genug den veränderten Verhältnissen anpassen und der Wind vermag das Wasser in den Wellenkämmen schneller als im übrigen vor sich hinzutreiben, das Wellenprofil wird zugespitzt und der Kamm stürzt schließlich unter starker Schaumbildung nach vorne über. Ebenso ist es bei Annäherung der Wellen an die Küste, wo sie durch Grundberührung gehemmt werden und sich die Wellenkämme infolge der durch den Wind mitgeteilten Bewegungsenergie überstürzen. In welcher Entfernung von der Küste die Brandung beginnt, hängt außer von der Meerestiefe von der Höhe der Wellen ab, die Brandung wird also bei höheren Wellen weiter draußen beginnen als bei ruhiger See. Sind der Küste Bänke vorgelagert, so tritt auch dort bei hinreichend hoher See Brandung auf.

Besonders stark ist die Brandung an Steilküsten, die aus tiefem Meere aufragen, diese kommen allerdings bei uns nicht vor; die steile Felsenmauer von

Abb. 52. Strohgedeckte alte Windmühle in Svenum auf Föhr
Aufnahme Dr. H. Halste, Hamburg (Zu Seite 81)

Helgoland ist von einer breiten Abrasionsterrasse umgeben, auf deren ganzer Breite bei stürmischem Wetter Brandung zu beobachten ist, aber auch am Felsen selbst und an den Resten der einstigen weit hinausreichenden Mole entsteht bei stürmischem Wetter eine gewaltige Brandung (Abb. 26).

Von den vielen neuen Eindrücken, die sich dem Binnenländer aufdrängen, wenn er zum ersten Male an unsere Nordseeküste kommt, gehört das Erlebnis der Ebbe und Flut sicher mit zu den eindrucksvollsten. Bei der Ankunft in einem unserer Nordseebäder dehnt sich vielleicht der Sandstrand oder das Watt weit vor seinen Blicken aus und besonders im Watt ist erst eine große Strecke zurückzulegen, um an das Wasser heranzukommen; einige Stunden später aber ist das vorher trockenen Fußes zu überquerende Gebiet vom Wasser bedeckt und die Brandung reicht bis dicht an den Dünenrand oder den Deich heran. In unaufhörlich regelmäßigem Wechsel vollzieht sich diese Änderung des Wasserstandes, sechs Stunden lang flieht das Wasser zurück, bis der Niedrigwasserstand erreicht und die Ebbe zu Ende ist, dann hebt sich der Wasserspiegel während der Flut etwa die gleiche Zeitdauer hindurch wieder bis zum Hochwasserstand, und so geht der Wechsel von Ebbe und Flut in ewig gleichmäßiger Folge; zweimal am Tage ist Hochwasser im Abstande von etwa $12^{1}/_{2}$ Stunden und auch zweimal am Tage Niedrigwasser. An unserer flachen Nordseeküste tritt uns dieser Wechsel des Wasserstandes vor allem als ein Vor- und Zurück-

Abb. 53. Strand in Wyk auf Föhr (Zu Seite 81)

rücken des Wassers entgegen. Wo Land und Meer durch senkrechte Wände begrenzt sind, können wir leichter eine Vorstellung von dem Betrage der Wasserstandsschwankung gewinnen, so in den Häfen an der Küste. Beobachten wir z. B. einen zu entladenden Fischdampfer in einem nicht durch Schleusen abgeschlossenen Hafenbecken, nehmen wir an in Cuxhaven, so stellen wir fest, daß der Dampfer in rund sechsstündigem Zeitabstande zwei bis drei Meter in seiner Höhenlage zum festen Kai schwankt.

Abb. 54. Hafen in Wyk auf Föhr. Aufnahme Dr. H. Halske, Hamburg (Zu Seite 81)

Abb. 55. St. Laurentiikirche auf Föhr. Aufnahme Dr. H. Halste, Hamburg (Zu Seite 81)

Abb. 56. Alte Grabsteine in Niebslum auf Föhr

Aufnahme Dr. H. Halste, Hamburg (Zu Seite 81)

Abb. 57. Straße in Nieblum auf Föhr. Aufnahme Dr. H. Halske, Hamburg (Zu Seite 81)

Einige ausgewählte Gezeitenwerte für den Bereich der Deutschen Bucht

	Mittlerer Tidenhub m	Mittlerer Springtidenhub m	Mittlerer Nipptidenhub m
Helgoland	2,25	2,56	1,84
Emden	3,02	3,31	2,66
Wilhelmshaven	3,59	3,96	3,06
Bremerhaven	3,32	3,64	2,91
Bremen	2,42	2,55	2,27
Cuxhaven	2,84	3,18	2,43
Hamburg	2,17	2,28	1,99

Die Größe des Tidenhubes, des Unterschiedes zwischen Hoch- und Niedrigwasserhöhe ist in Cuxhaven im Mittel 2,8 m. Genauere regelmäßig fortgesetzte Ablesungen des Wasserstandes an Pegeln zeigen, daß die Größe des Tidenhubes auch bei ruhigem Wetter nicht immer gleich ist, es besteht ein schon nach kurzer Beobachtungszeit feststellbarer Zusammenhang mit der Stellung von Mond und Sonne zueinander. Etwa drei Tage nach Neu- und Vollmond ist der Tidenhub am größten, in Cuxhaven im Mittel 3,2 m und drei Tage nach dem ersten oder letzten Viertel am geringsten (Cuxhaven 2,4 m). Dies führt uns schon auf die Ursachen der Gezeitenerscheinung. In der Tat hängt sie mit Sonne und Mond eng zusammen, sie ist durch die Anziehung zwischen diesen Weltkörpern und der Erde sowie durch die unter Einfluß von Sonne und Mond erfolgenden Bewegungen der Erde bedingt. Addiert sich der Einfluß beider Gestirne auf die Erde, wie es der Fall ist, wenn Erde, Sonne, Mond in einer Linie liegen wie bei Neu- und Vollmond, so hat die Gezeitenerscheinung ihre größten Ausmaße, wir haben Springflut, wirken beide einander entgegen, wie beim ersten und letzten Viertel, wenn der Mond um 90° von der Verbindungslinie Sonne-Erde abweicht, so ist der Tidenhub am geringsten, wir haben Nipptide. In obenstehender Tabelle sind für die wichtigsten Orte die Tidenhube gegeben.

Abb. 58. Kirche auf Hallig Oland. Aufnahme Dr. H. Halske, Hamburg (Zu Seite 82)

Mit den regelmäßigen Änderungen der Höhe des Wasserstandes sind natürlich horizontale Wasserbewegungen verbunden, die Gezeitenströmungen, die ebenfalls in regelmäßigem Wechsel auftreten. Rund sechs Stunden geht im Küstengebiet der Flutstrom nach der einen, etwa die gleiche Zeit der Ebbstrom nach der entgegengesetzten Richtung, während der zwischen beiden liegenden Kenterungszeit kentert der Strom und wir haben vorübergehend Stromstille. Auch in der Stromstärke haben wir die Abhängigkeit vom Stande der Erde zu Sonne und Mond: Flut- und Ebbstrom haben ihre größte Geschwindigkeit bei Springtide, am schwächsten sind sie bei Nipptide, die größten Geschwindigkeitswerte in unserer Deutschen Bucht schwanken etwa zwischen $1^{1}/_{2}$ und $3^{1}/_{2}$ Seemeilen in der Stunde. Besonders bemerkenswert ist noch, daß das Kentern vom Flut- zum Ebbstrom und umgekehrt auf dem Meere nicht gleichzeitig mit Hoch- und Niedrigwasser sondern zwischen beiden stattfindet, in den Flüssen verschiebt sich das Kentern flußaufwärts immer mehr nach den Hoch- und Niedrigwasserzeiten hin.

Die bei uns an der Nordseeküste in Erscheinung tretenden Gezeiten verdanken ihre Entstehung den auf den Atlantischen Ozean wirkenden Kräften, von dort pflanzen sie sich durch die breite Öffnung der Nordsee zwischen Schottland und Norwegen wie durch die Straße von Dover in die Nordsee hinein fort. Durch mannigfache Einflüsse werden die ozeanischen Gezeiten innerhalb der Nordsee selbst verändert, durch die wechselnden Tiefen und die Reibung am Meeresboden, ferner durch die Erdrotation, durch welche ja alle horizontalen Bewegungen auf der Nordhalbkugel der Erde nach rechts abgelenkt werden; hinzu kommt noch in hohem Maße der Einfluß der Küstengestalt.

Diese regelmäßigen Änderungen des Wasserstandes und der Gezeitenströmungen sind natürlich für die Schiffahrt und überhaupt für das ganze Leben an der Küste von größter Bedeutung. Manche flache Stellen im Bereiche der Küste, besonders im Wattengebiet, aber auch in den Flüssen sind nur bei Hochwasser

---

Eine Seemeile (= 1852 m) ist der sechzigste Teil eines mittleren Meridiangrades. Die Geschwindigkeit von 1 sm/stde ist ungefähr gleich der Geschwindigkeit von 30 m/min oder 0,5 m/sec.

passierbar und kein Fischer und Seemann wird unnötig dem Ebb- und Flutstrom entgegen fahren, sondern sich mit seinen Fahrten so einrichten, daß er sich diese Strömungen dienstbar macht. Auch für den Badebetrieb sind die Gezeiten von größter Bedeutung, nicht allein für den Zeitpunkt des Wattlaufens sondern auch für das Baden selbst. Bei Fallendwasser nämlich wird der sog. Soog, das Abfließen des ablaufenden Wassers besonders am Meeresboden verstärkt, die Gefahr für den Badenden also erhöht. An zahlreichen Plätzen ist dieser Soog so stark, daß das Baden aus Gründen der Sicherheit nur zu bestimmten Zeiten, bei Steigend- und Hochwasser gestattet werden kann. Übertretungen dieser wohlberechtigten Maßnahmen haben schon manchem Unerfahrenen Lebensgefahr gebracht oder das Leben gekostet. Die Kenntnis der Gezeiten ist also für diejenigen, die sich an unseren Küsten mit dem Meere abgeben, eine der wesentlichsten Vorbedingungen und die von der Deutschen Seewarte bearbeiteten Gezeitentafeln sind für den Fischer wie den Seemann und die Verantwortlichen der Badebetriebe ein unerläßliches Hilfsmittel.

Die Gezeitenbewegungen des Wassers bewirken keine dauernde Wasserversetzung, es ist nur ein ewiges Hin und Her, und das Wasser würde immer an seinen Ausgangspunkt zurückkehren, wenn nicht noch andere Einflüsse auf das Wasser wirksam wären, welche sich zu den Gezeitenbewegungen addieren. Hierzu gehört in erster Linie der Zufluß von Süßwasser durch die großen in die südliche Nordsee mündenden Ströme, weiterhin besonders der Wind, der vorwiegend aus südwestlichen und westlichen Richtungen weht und Wasser mit sich fortbewegt, von Einfluß sind weiter die atlantischen Zuflüsse in die Nordsee durch den Kanal und zwischen Schottland und Norwegen sowie der Abfluß von Ostseewasser durch das Kattegat und Skagerrak. Das Endergebnis all dieser Faktoren, zu denen die Erdrotation als die Richtung beeinflussend noch hinzukommt, ist eine langsame Wasserversetzung, ein sog. Reststrom, entlang den ostfriesischen

Abb. 59. Inneres der Kirche auf Hallig Oland. Aufnahme Dr. H. Halske, Hamburg (Zu Seite 82)

Abb. 60. Anschlickung an einem Fänger am Damm nach Oland. Der Schlick reicht dem Mann über die Knie. Der Fänger ist vor einem Jahr gebaut; das Bild zeigt also, wieviel ungefähr in einem Jahr angeschlickt ist. Aufnahme Dr. H. Halske, Hamburg (Zu Seite 16, 82)

Inseln nach Osten und entlang den nordfriesischen Inseln nach Norden; wir werden sie später als für diese Inseln bedeutungsvoll erkennen. Westlich der nordfriesischen Inseln biegt ein Teil dieser Wasserbewegung nach Westen ab, einen nach dem Gebiet westlich von Helgoland zurückführenden Wirbel bildend. Diese Restströme zu erkennen, ist nicht immer einfach, da sie ja ganz hinter den Gezeitenströmen zurücktreten, aber wenn man dem Wasser Treibkörper übergibt, wie Flaschenposten, so kann man aus deren Verbleib auf die resultierenden Strömungen schließen, außerdem auch aus der Verteilung der Eigenschaften des Wassers wie Temperatur und Salzgehalt.

4. Sturmfluten

Weht der Wind längere Zeit hindurch aus einer Richtung, so vermag er das Wasser an der dem Winde zugekehrten Küste, der Luvküste, erheblich auf-

Abb. 61. Grüppel-(Entwässerungs-)Anlagen bei Dagebüll. Im Hintergrund ein von der Sturmflut 1906 aufs Land geworfenes Schiff. Aufnahme Dr. H. Halske, Hamburg (Zu Seite 16, 82)

Abb. 62. Hilligenlei auf der Hallig Nordmarsch-Langeneß. Aufnahme Dr. H. Halske, Hamburg
(Zu Seite 82)

zustauen, und bei Stürmen oft zu bedrohlicher Höhe für das hinter den Deichen liegende Land.

Von dem Augenblick an, wo der Mensch begann, die Marsch auszunutzen, beobachtete er das Steigen des Wassers bei Sturmfluten mit ängstlichen Augen. Deswegen wird er sich erst verhältnismäßig spät auf die Marsch hinausgewagt und zunächst den an die Marsch stoßenden Geeststrand besiedelt und von dort aus das Vieh auf die fruchtbare Marsch getrieben haben. Die Aufschüttung künstlicher Erdhügel zum Schutze gegen das Wasser war schon ein fortgeschrittenes Stadium der Besiedelung. Über die Sturmfluten aus der Zeit vor dem Bau von Deichen haben wir nur ganz unsichere Kunde. Wahrscheinlich ist die Auswanderung der Cimbern und Teutonen, zu denen auch die Ambronen, deren Namen noch in der Inselbezeichnung Amrum erhalten ist, gehörten, durch Sturmfluten mit verursacht.

Die erste Sturmflut, von der wir nach erfolgtem Bau von Deichen Kunde haben, ist die sog. Julianenflut vom 17. Februar 1164, die erste, von der uns ein Augenzeuge berichtet, die Marcellusflut vom 16. Januar 1219. Die Namen sind nach den Kalenderbezeichnungen der betreffenden Tage, an denen die Sturmflut stattfand, gebildet worden, manchmal wurde allerdings der Name des vorhergehenden oder folgenden Tages gewählt. Über die Flut von 1219 berichtet uns der Mönch Emo aus dem Kloster Wittewierum, dessen Chronik bis 1296 gewissenhaft von ihm und seinen Nachfolgern fortgesetzt worden ist. Aus den nächsten folgenden Jahrhunderten haben wir andere Chroniken, die Jahrbücher des Dominikanerklosters in Norden für das ostfriesische Gebiet und für Nordfriesland das Chronicon Eiderostadense. Aus der großen Zahl der Sturmfluten, von der wir Kunde haben, seien nur einige genannt. Die große Marcellusflut vom 16. Januar 1362 hat besonders für Nordfriesland schwerwiegende Folgen gehabt, es ist wahrscheinlich, daß als Folge dieser Flut eine größere Zahl Kirchen ausgedeicht, also verloren gegeben werden mußten. Die bedeutendste der ausgedeichten Ortschaften war das damals als Handelsplatz bedeutende Rungholt, dessen Lage durch sichere Anhaltspunkte erst jüngst bei der Hallig Südfall bestimmt werden konnte. — Am 9. Oktober 1374 und 1377 fanden die beiden Dionysiusfluten statt, die besonders in Ostfriesland im Gebiete des Dollart Zerstörungen anrichteten. — Durch die Sturmflut am 4. Oktober 1428 verschwand die Ortschaft Aldessen, die in Rüstringen etwa die gleiche Bedeutung wie Rungholt für Nordfriesland hatte. — Am 26. September 1509 traten im Mündungsgebiet der Ems größere Veränderungen ein. Die Ems verlegte ihr Bett von der Stadt Emden fort und das Fahrwasser verschlechterte sich, der Dollart bekam im Westen erheblichen Zuwachs. — Der Jadebusen wurde durch die sog. Antoniflut 1511 vergrößert, nicht weniger als fünf Kirchspiele wurden ausgedeicht. — Die beiden Allerheiligenfluten vom 2. November 1532 und 1570 richteten auf Nordstrand und auf Eiderstedt Zerstörungen an, an der Nordküste Ostfrieslands wurden zwei Dörfer ausgedeicht. — Der 11. Oktober 1634 ist der Schicksalstag von Nordstrand. Es wird berichtet, daß von den 9041 Bewohnern Nordstrands nicht weniger als 6408 umkamen, auf Eiderstedt ertranken 2107 Menschen. Da außerdem eine beträchtliche Auswanderung unter dem Eindruck der Katastrophe einsetzte, war es dem zurückgebliebenen Rest der Bevölkerung nicht möglich, die Wiederbedeichung durchzuführen, und Nordstrand blieb in einzelne Teile aufgelöst. Der westliche Teil des zerstörten Nordstrand, die von einem Holländer aufgelaufte Insel Pellworm, wurde zuerst wieder eingedeicht, etwas später das jetzige Nordstrand. Die übrigen Teile des zerrissenen Landes blieben uneingedeicht, nämlich Nordstrandischmoor, und die Hamburger Hallig. Diese für Nordfriesland katastrophale Sturmflut, hatte in Holland und Ostfriesland keine bemerkenswerten Folgen. — Weitere für die Küstengestaltung bedeutungsvolle Sturmfluten sind die vom 3./4. Februar 1825 und vom 1. Januar 1855. Die letztere vernichtete Alt=Wangeroog, ein auf der Westseite von Wangeroog gelegenes Dorf; die meisten geretteten Bewohner siedelten damals auf das Festland über und gründeten das Dorf Neu=Wangeroge bei Varel.

Das Problem, Sturmfluten vorauszusagen, hat man erst in neuester Zeit in Angriff nehmen können, nachdem die Erkenntnis der Zusammenhänge zwischen Witterung und Änderung des Wasserstandes hinreichend erkannt worden ist. Daß der Wind, wenn er längere Zeit aus einer Richtung weht, das Wasser zu bewegen vermag, wissen wir vor allen Dingen von den Ozeanen, wo z. B. die regelmäßigen Winde nördlich und südlich vom Äquator, die Passate, die Nord- und Südäquatorialströme erzeugen und die in der südlichen und östlichen Randzone des asiatischen Kontinentes jahreszeitlich wechselnden Winde eine ausgesprochene jährliche Periode der Meeresströmungen bewirken. Dort, wo das vom Winde bewegte Wasser freie Bahn hat, wird kaum eine Niveauveränderung eintreten, das wesentliche ist dort die Wasserbewegung, die Meeresströmung. Anders im Bereiche unserer Nordseeküste. Weht längere Zeit ein Wind aus westlicher bis nördlicher Richtung, so stauen sich die vom Winde in die Deutsche Bucht getriebenen Wassermassen dort, denn der Weg ist ihnen durch die in der Elbmündung von Westen und Norden her zusammenlaufende Nordseeküste versperrt; für das Wasser gibt es also keine Möglichkeit, seitlich auszuweichen, es steigt infolgedessen in die Höhe. Der größte „Windstau" wird durch die Nordwest- bis Westwinde bewirkt. Einen geringen Einfluß haben die Nordwinde, obgleich sie gerade auf die west- und ostfriesischen Inseln hin gerichtet sind und man deswegen zunächst dort einen beträchtlichen Aufstau erwarten sollte. Doch tritt dieser Windstau nicht ein, weil im Westen der Raum zum Abfluß der herangetriebenen Wassermassen frei ist; dieser Abfluß wird noch dadurch gefördert, daß die Bewegung des Wassers infolge der ablenkenden Kraft der Erdrotation im Vergleich zur Windrichtung etwas nach rechts gerichtet ist, wodurch es umso leichter nach der holländischen Küste zu abfließen kann. Bei westlichen bis nordwestlichen Winden aber wird der Anstau an den deutschen Küsten durch die Ablenkung infolge der Erdrotation noch gefördert. Stürme aus östlicher Richtung treiben dagegen das Wasser von den deutschen Nordseeküsten fort, so daß dann der Wasserstand abnorm niedrig sein kann, am niedrigsten ist er bei Südostwind, der das Wasser in die freie Nordsee hinaustreibt, vor allem ist dies in der innersten Deutschen Bucht der Fall.

Abb. 63. Königspesel auf der Hauswarft. Hallig Hooge. Aufnahme Dr. H. Halske, Hamburg
(Zu Seite 82)

Abweichungen des Wasserstandes von den vorausberechneten Höhen des Hoch- und Niedrigwassers infolge der Wirkung des Windes sind fast stets vorhanden, da die Atmosphäre sich selten im Zustande der Ruhe befindet, am größten sind sie naturgemäß im Winterhalbjahr, wo die Luftbewegung am stärksten ist. Da außerdem die Ausbildung der Gezeiten wechselt, und wir zur Springzeit, also kurz nach Neu- und Vollmond das höchste Hochwasser haben, ist die Gefahr, daß Sturmfluten eintreten, zur Springzeit erheblich größer als zur Nippzeit. Z. B. hat das mittlere Hochwasser in Cuxhaven die Höhe 2,98 m, das mittlere Hochwasser zur Nippzeit nur 2,76 m, zur Springzeit aber 3,18 m; rein durch astronomische Ursachen ist also in Cuxhaven das Hochwasser im Mittel zur Springzeit 42 cm höher als zur Nippzeit. Wenn also zu beiden Zeiten gleiche Wirkung eines über die Nordsee herrschenden Sturmes hinzukommt, so wird trotz gleicher Windrichtung doch zur Springzeit der Wasserstand fast $1/2$ m höher sein als zur Nippzeit. Was man als Sturmflut bezeichnen will, ist der Festsetzung überlassen; an unbefestigten Küsten wird eher als in gut mit Deichen versehenen Gebieten eine Sturmflut gefährlich werden können, und manche Sturmflut, die in früheren Jahrhunderten katastrophale Zerstörungen anrichtete, würde bei den heute vorhandenen Schutzeinrichtungen vielleicht kaum stärker beachtet werden.

Auf der Deutschen Seewarte sind die im Gebiet der Elbmündung in der Zeit von 1841—1924 aufgetretenen Sturmfluten von H. Rauschelbach näher untersucht worden. Wenn man eine Erhöhung des Hochwassers von 1 m über dem mittleren Hochwasserstand als Sturmflut bezeichnet, so haben im genannten Zeitraum insgesamt 640 Sturmfluten, d. h. durchschnittlich alle 50 Tage eine Sturmflut, stattgefunden. Die Verteilung der Sturmfluten auf die einzelnen Jahre war sehr unregelmäßig, völlig sturmflutfrei waren die Jahre 1851 und 1910, dagegen traten 1868 nicht weniger als 27 Sturmfluten ein! Die meisten Sturm=

Abb. 64. Leuchtturm von Pellworm   Aufnahme Th. Thomsen, Flensburg. (Zu Seite 83)

fluten, und zwar 85 %, der Gesamtzahl, fanden im Winterhalbjahr (Oktober bis März) statt, im Sommerhalbjahr (April bis September) nur 15 %; der sturmflutreichste Monat ist der Februar, in dem sich 18 % aller Sturmfluten ereigneten, also mehr als im ganzen Sommerhalbjahr. In vielen Jahren, und zwar in 37 des untersuchten 84 jährigen Zeitraumes, war der Sommer gänzlich frei von Sturmfluten. Kurz ausgedrückt läßt sich über die zeitliche Verteilung der Sturmfluten sagen, daß im Winter durchschnittlich jeden Monat mindestens eine Sturmflut stattfindet, dagegen im Verlaufe des gesamten Sommers im Mittel eine einzige.

Wie in der Häufigkeit des Auftretens sind die Verschiedenheiten auch in der Dauer der Sturmfluten sehr groß. Bei fast der Hälfte aller Sturmfluten von 1841—1924 wurde nur ein Hochwasser so stark beeinflußt, daß sich der Wasserstand mehr als 1 m über den mittleren Hochwasserstand hob, bei fast $^1/_5$ der Gesamtzahl dauerte die Sturmflut so lange, daß zwei aufeinander folgende Hochwasser bis zur Sturmfluthöhe emporgetrieben wurden, noch länger andauernde Sturmfluten sind verhältnismäßig selten. Bei insgesamt nur 20 Sturmfluten während des betrachteten 84 jährigen Zeitraumes waren drei aufeinander folgende Hochwasser sturmfluthoch, bei nur fünf Sturmfluten vier aufeinander folgende Hochwasser. Daß die Sturmflut $2^1/_2$ Tage hindurch anhielt, sich also über fünf Hochwasser ausdehnte, trat nur einmal und zwar im Jahre 1876 ein und gar eine dreitägige Dauer nur bei zwei Sturmfluten in den Jahren 1878 und 1895.

Da man in der Lage ist, den Verlauf der durch den Wechsel von Ebbe und Flut bewirkten Wasserstandsschwankungen vorauszuberechnen, und außerdem die tatsächlich eintretenden Wasserstände durch die Pegel registriert werden, kann man durch Vergleich von Beobachtung und Rechnung die Größe des Windstaus nicht nur für den Augenblick des Hoch- oder Niedrigwassers, sondern fortlaufend feststellen. In Abb. 28 ist eine Darstellung vorausberechneter und beobachteter Tidekurven und des daraus abgeleiteten Windstaus für Wilhelmshaven und Cuxhaven vom 11.—14. März 1906 gegeben. Zwei Tage hindurch, vom 12. bis 14. März, war der Wasserstand mehr als 1 m höher als normal und zur Hochwasserzeit am 13. März vormittags in Cuxhaven fast $2^1/_2$ m und in Wilhelmshaven sogar fast $3^1/_2$ m über dem vorausberechneten Hochwasserstand! Ein Vergleich der Aufzeichnungen beider Orte zeigt in der Ausbildung des Windstaus eine große Übereinstimmung, die auch ganz allgemein für ähnlich

Abb. 65. Alte Kirche mit Turmruine auf Pellworm. Aufnahme Th. Thomsen, Flensburg   (Zu Seite 83)

gelegene Orte gilt. Dagegen besteht aber im Auftreten des Windstaus zwischen dem westöstlich und dem nordsüdlich verlaufenden Teil der deutschen Küste ein durch den Verlauf der Küsten bedingter Gegensatz.

In den Flußmündungen ist ein weiterer die Ausbildung der Sturmflut stark beeinflussender Faktor das sog. „Oberwasser". Führt z. B. die Elbe viel Wasser, so ist im Mündungsgebiete eine hohe Sturmflut weit gefährlicher als wenn wenig Oberwasser zum Abfluß gelangt.

In Hamburg kann es heute noch vorkommen, daß bei Sturmfluten die am Hafen gelegenen Straßenzüge überschwemmt werden, man hat deshalb schon frühzeitig, und zwar Ende des 18. Jahrhunderts, einen Hochwassermeldedienst eingerichtet, damit die am Hafen in Kellern befindliche Habe rechtzeitig geräumt werden konnte. Eine größere Bedeutung konnte dieser Warnungsdienst erst nach Einführung des Telegraphen gewinnen, denn nun war es möglich, sobald in Cuxhaven ein ungewöhnlich hoher Wasserstand eintrat, dies sogleich nach Hamburg zu melden, wodurch dort die Warnung schon $3\frac{1}{2}$ bis 5 Stunden vor dem dortigen Eintritt des Hochwassers erfolgen konnte. Auch heute noch erfolgt die Warnung in Hamburg durch drei kurz aufeinander folgende Kanonenschüsse von der Bastion am Stintfang (bei der Seewarte), am Stadtdeich und auf Finken=wärder. Bei weiterem Steigen des Wassers in Cuxhaven um je 0,3 m werden die drei Warnungsschüsse wiederholt.

Nachdem man aber den Einfluß des Windes genauer erkannt hat, ist es mög=lich, den Wasserstand aus der über der Nordsee herrschenden Witterung und aus Annahmen über deren weitere Entwicklung für einen halben oder gar einen ganzen Tag vorauszusagen. Diese Wasserstandsvoraussagen und besonders Warnungen vor Sturmfluten werden seit einigen Jahren von der Deutschen Seewarte in Hamburg täglich dreimal abgegeben und telephonisch, telegraphisch und durch Rundfunk regelmäßig verbreitet. Sie erstrecken sich auf das ganze Gebiet der deutschen Nordseeküste und sind natürlich von größter Wichtigkeit für die Bauern, die z. B. das Vieh von dem Außendeichgelände rechtzeitig einholen können, weiter für die Deichverbände, Wasserbaubehörden usw.

Bei stürmischem und unsichtigem Wetter kommt es nicht selten vor, daß Schiffe an der ganz langsam sich zu größeren Tiefen absenkenden deutschen Küste

57

auf Grund geraten; besonders leicht ereignet sich dies in den Mündungsgebieten der in die Nordsee mündenden Flüsse. Außer dem Schiffe selbst sind vielfach auch ihre Besatzungen in größter Gefahr. Die Jahr für Jahr zu beklagenden Menschenverluste führten wie in England bereits seit dem letzten Jahrzehnt des 18. Jahrhunderts auch an den deutschen Küsten in der Mitte des vorigen Jahrhunderts dazu, Rettungsstationen zur Rettung Schiffbrüchiger zu gründen. Zunächst machte die preußische Regierung an der Ostseeküste den Anfang. Als am 10. September 1860 aus Emden die Meldung kam: „Heute früh strandete auf der Westseite der Insel Borkum die hannoversche Brigg ‚Alliance', Kapt. Hillers, mit Kohlen von Sunderland nach Geestemünde bestimmt; von der aus zehn Mann bestehenden Besatzung ist leider niemand gerettet; diesen Mittag war bereits die fünfte Leiche an den Strand getrieben, und das Schiff völlig zertrümmert," gab dies den äußeren Anlaß, auch an der Nordseeküste Schutzmaßnahmen zu treffen. Es bildeten sich lokale Vereinigungen in Emden (1861), Hamburg (1861), Bremen (1863) usw., die 1865 auf einer Tagung in Kiel zu einer größeren Organisation, „Deutsche Gesellschaft zur Rettung Schiffbrüchiger", zusammengeschlossen wurden. Der Vorort dieser Gesellschaft ist Bremen, sie verfügt jetzt insgesamt über 118 Rettungsstationen, davon liegen 41 an der Nordsee. Mehr als 5000 Personen sind seit der Begründung der Gesellschaft aus Seenot gerettet worden! Im Jahresbericht für 1925/26 heißt es: „Mit den im Berichtsjahre in 9 Strandungsfällen geborgenen 42 Personen, davon 22 durch Rettungsboote und 20 durch Raketenapparate, können wir eine Gesamtzahl von 5034 verzeichnen, zum Ruhm all der opferwilligen Männer an den deutschen Küsten, die in den vergangenen 61 Jahren ihr Leben eingesetzt haben, oft auch in vergeblichen Rettungsfahrten, um Mitmenschen aller Nationen am Leben zu erhalten." Einen Einblick in diese Rettungstätigkeit geben vielleicht die folgenden von den Vormännern der beiden beteiligten Rettungsstationen erstatteten Berichte über zwei Einzelfälle: Der Vormann D. Lahrmann der Station Fedderwardersiel berichtete: „Am 10. September 1924, um 7 1/2 Uhr morgens, wurde mir gemeldet, daß auf dem Fedderwarder Außengroden 2 Personen, die mit Heuen beschäftigt waren, von der Flut überrascht worden seien und Gefahr liefen, zu ertrinken. Ich ließ unser Rettungsboot ‚Lesmona' zu Wasser bringen und durch ein Gespann des Holzhändlers Franckſen unterm Deich entlang schleppen bis Feldhausen. Hier warfen wir los und segelten zu den gefährdeten Personen, die wir an Bord nahmen und in Fedderwardersiel landeten." Weiter sei der folgende Fall angeführt: Der Vormann Johann Raß der Rettungsstation Norderney-West berichtete: „Am Sonntag, den 29. März 1925, morgens um 4 1/2 Uhr, wurde mir gemeldet, daß von der Seeseite her Notsignale gezeigt würden. Nachdem ich mich von der Richtigkeit der Meldung überzeugt hatte, alarmierte ich sofort die Rettungsmannschaft. Um 5 Uhr hatten wir das Rettungsboot ‚Fürst Bismarck' zu Wasser und ruderten in Richtung der Notsignale seewärts. Beim Näherkommen erkannten wir, daß die Notsignale von einem Dampfer herrührten, der auf dem Riff gestrandet war. Wegen schwerer Brandung und überkommender Brechseen konnte das Rettungsboot nur unter größten Anstrengungen vorwärtskommen. In der Nähe des Dampfers angekommen, mußten wir erst das Boot lenz pumpen. Nach vielen Schwierigkeiten gelang es uns schließlich, zwei Passagiere und fünf Mann der Besatzung in das Rettungsboot zu nehmen. Der Rest der Mannschaft von elf Mann wollte das Schiff noch nicht verlassen. Die Rückfahrt gestaltete sich wegen der nun von hinten auflaufenden Brandung recht gefährlich. Das Boot nahm wieder viel Wasser über. Um 11 Uhr vormittags landeten wir die Geretteten glücklich am Strand von Norderney. Gegen 1 Uhr nachmittags zeigte der Dampfer abermals Notsignale. Das Rettungsboot wurde sofort wieder zu Wasser gebracht und nach dem gefährdeten Schiff hingerudert. Dieses hatte in der Zwischenzeit in der harten Brandung schwer gearbeitet, war

Abb. 66. Rungholt. Alte Schleuse im Deich, deren Reste bei Niedrigwasser zu Tage treten
Aufnahme (Sommer 1927) Dr. H. Halske, Hamburg   (Zu Seite 84)

leck gesprungen und hatte schon mehrere Fuß Wasser in den Räumen stehen. Wir nahmen nun unter großen Schwierigkeiten den Rest der Besatzung in unser Rettungsboot und landeten um 4 Uhr am Strande. Bei dieser Rettung fiel einer der Schiffbrüchigen zwischen Dampfer und Rettungsboot, er konnte aber noch rechtzeitig von mehreren Leuten des Rettungsbootes in das Boot gezogen werden. Das gestrandete Schiff war der Hamburger Dampfer ‚Lavinia' der Reederei A. Kirsten, von London nach Hamburg bestimmt. Der Dampfer hatte auf See Maschinenschaden erlitten, so daß er manöverierunfähig geworden war und bei dem stürmischen NW-Wind auf dem Norderneyer Riff strandete."

Die Rettungsboote (Abb. 32) sind möglichst leicht und zwar aus kanneliertem Stahlblech gebaut, damit sie mit den an der Küste zur Verfügung stehenden Transportmitteln schnellstens zur Strandungsstelle befördert werden können, zur Erhöhung der Stabilität sind vorne und hinten sowie an beiden Seiten Luftkästen

Abb. 67. Rungholt. Alte Feldeinteilung, im Hintergrunde alte Warft. Aufnahme (Sommer 1927 bei Niedrigwasser) Dr. H. Halske, Hamburg   (Zu Seite 84)

Abb. 68. Strandschutz auf einer Hallig. Aufnahme Dr. H. Halste, Hamburg (Zu Seite 82)

eingebaut. Wegen des flachen Strandes haben die 7½ bis 9½ m langen und zum Rudern und Segeln eingerichteten Boote einen flachen Boden. Als Ersatz für den Kiel dient ein auf und nieder zu lassendes Stechschwert. Einige Stationen sind mit Motor-Rettungsbooten ausgerüstet. — Ist es nicht möglich, an das Schiff heranzukommen, so wird versucht, durch Rettungsgeschosse eine Verbindung zwischen Land und Schiff oder auch zwischen Rettungsboot und Schiff herzustellen (Abb. 31). Durch die größeren Rettungsraketen wird die für die Verbindung bestimmte dünne Leine etwa 400 m weit getragen. Sie muß von der Besatzung des in Not befindlichen Schiffes schnell erfaßt werden; mit ihrer Hilfe werden dann stärkere Taue vom Lande aus an Bord gezogen; der Transport der Schiffbrüchigen an Land erfolgt dann in geeignet eingerichteten Bojen (Hosenbojen, Abb. 80).

Die Bergung und Hebung der gestrandeten oder havarierten Schiffe ist Aufgabe von Privatgesellschaften, es kommen insbesondere in Betracht die Bugsier-Reederei und Bergungsaktiengesellschaft in Hamburg sowie der Nordische Bergungs-verein. Auf den Hauptstationen Cuxhaven, Brunsbüttel, Helgoland und Borkum werden von diesen Gesellschaften ständig große Bergungs- und Schleppdampfer sowie Hebefahrzeuge unterhalten. Die größeren Fahrzeuge „Nordsee" und „Ostsee" haben etwa 450 Rgt und eine seitliche Hebekraft von 1700 t.

5. Küsten- und Hochseefischerei

Schon in den ersten Zeiten der Besiedelung der Küste wird die Ausnutzung der vom Meere gebotenen Nahrung eine Rolle gespielt haben. Zunächst hat man wohl nur den bei Ebbe trocken fallenden Wattboden abgesucht nach auf dem Boden oder in Tümpeln zurückgebliebenen Lebewesen; auch heute noch spielt dies eine Rolle, nur bedient man sich besonderer Einrichtungen, um die im Wasser vorhandenen und für die Ernährung in Betracht kommenden Lebewesen aus dem fallenden Wasser zu fangen. Die Küstenfischerei mit Fahrzeugen ist ein weiteres Stadium der Entwicklung, dem sich die Hochseefischerei mit widerstands-fähigeren Schiffen anschloß. Allmählich hat sich der Mensch auf der Nahrungs-suche also immer weiter von der Küste entfernt. Trotz der reichen in der Nord-see und anderen Meeresgebieten entdeckten Fischgründe spielt die Ausnutzung der Küstengewässer auch heute noch eine Rolle. Einige der nennenswertesten Fang-objekte seien im folgenden kurz betrachtet (als Quelle sei hauptsächlich die Arbeit von W. Schnakenbeck genannt).

Abb. 69. Ungeschützte Halligkante, im Hintergrunde Warften. Aufnahme Dr. H. Halste, Hamburg
(Zu Seite 82)

Vor allem ist die Austerngewinnung zu erwähnen, die allerdings wegen der Empfindlichkeit des Tieres besondere Schwierigkeiten macht. Die Eier der Austern entwickeln sich zwischen den Kiemen der Mutteraufter soweit, bis die nur $^1/_5$ mm langen, aber schon mit einer richtigen zweiklappigen Schale versehenen Larven im Wasser schwimmen können. Der größte Teil der Larven geht in der Natur zugrunde, denn zwei Bedingungen müssen vor allem erfüllt sein, damit die Larven weiter heranwachsen und die erwachsenen Austern gedeihen können: erstens muß die Wassertemperatur hinreichend hoch sein; bleibt sie einige Zeit höher als 16° C, so können die Larven in 2 bis 3 Wochen heranwachsen, aber auch während der weiteren Entwicklung der Auster darf das Wasser nicht zu kalt werden und vor allem nicht unter den Gefrierpunkt sinken, so daß die Wohnplätze der Austern mindestens $^1/_2$ m unter Niedrigwasser liegen müssen; zweitens muß der Boden fest sein; auf bewegtem, lockerem Sande und weichem Schlick wird die junge Auster bald von Sand oder Schlick zugedeckt und geht zugrunde. In den nordfriesischen Wattengebieten haben seit alten Zeiten für die Entwicklung der Austern geeignete Plätze bestanden, sie liegen in $^1/_2$—8 m Tiefe; 52 Stellen sind bekannt, auf der Karte Abb. 33 sind sie nach A. Hagmeier angegeben; sie nehmen nur etwa 4% der bei Niedrigwasser vom Meere bedeckten Fläche des nordfriesischen Wattengebietes ein.

Der Fang dieser Austern ist bis vor einigen Jahrzehnten durch Kutter regelmäßig im Winterhalbjahr betrieben worden, wird jetzt aber mit einem Dampfer der „Preußischen Austernfischerei A. G." ausgeführt (Abb. 34). Mit sog. „Austernkratzern" — das sind durch eiserne Bügel offen gehaltene Netze — werden die auf der Austernbank liegenden Gegenstände vom Boden abgeschaufelt. Nach ungefähr 1 km Fahrt werden die Netze hochgeholt und die Austern aus dem vielen sonstigen Getier herausgesucht. Auch auf den Austernbänken liegen die Austern nicht dicht beieinander, auf einer sehr guten Bank können etwa drei Austern auf einem Quadratmeter liegen, befinden sich 0,5 bis 0,1 auf 1 qm, so wird die Bank noch als mittelmäßig bezeichnet. Die Erträge der Austernfischerei im nordfriesischen Gebiet waren zeitweise recht beträchtlich und betrugen mehrere Millionen Stück im Jahr. Als in den 70er Jahren der Ertrag stark abnahm, wurde für die Jahre 1882—1891 eine Schonzeit angeordnet, um die völlige Erschöpfung der Bänke zu verhindern, doch der gewünschte Erfolg trat nur vorübergehend ein, und die Eigenproduktion betrug vor dem Kriege nur 15% vom Werte der

Abb. 70. Hafen in Husum. Aufnahme Dr. H. Halske, Hamburg (Zu Seite 75)

Einfuhr. Auch die Einschränkung der Fischerei während des Krieges brachte keine dauernde Besserung; in den ersten vier Nachkriegsjahren wurden jährlich etwa $3/4$ Millionen Austern gefangen, 1922/23 aber nur $1/4$ Million und 1924/25 wenig über 100000 Stück! Zur Zeit ist die Austernfischerei also wenig lohnend. Die Ursache dürfte z. T. in strengen Wintern oder kühlen Sommern liegen, denn für die weitere Entwicklung von Austernbrut hinreichend günstige Temperaturverhältnisse herrschen durchaus nicht alle Jahre, ja sehr günstige Austernjahre treten nur in Abständen von einer größeren Zahl von Jahren auf. Eine weitere Ursache kann sein, daß die Feinde der Austern zu sehr überhand genommen haben. In erster Linie ist hier der Seestern zu nennen, der wohl der gefährlichste Feind der Austernfischerei ist; mit seinen Saugfüßchen vermag er die Schalenhälften der Austern langsam, aber unwiderstehlich auseinander zu ziehen und umhüllt dann den Austerninhalt mit seinem aus der Mundöffnung herausgestülpten Magen; in mehreren Stunden ist die Arbeit der Vernichtung einer Auster beendet. — Man beabsichtigt nun, die Austernfischerei ergiebiger zu gestalten, einmal durch Vernichtung der Austernfeinde, dann aber durch genauere Erforschung der Lebensbedingungen der Austern. Dieser letzteren Aufgabe hat sich die Staatliche Biologische Anstalt auf Helgoland gewidmet. Um zunächst einmal genügend Mutteraustern zu bekommen, hat man seit einigen Jahren holländische Saataustern nach den nordfriesischen Bänken verpflanzt und dadurch junge Austernbrut erhalten, die auch tatsächlich gut gediehen ist. Es ist zu hoffen, daß es durch eine Zusammenarbeit der Austernwirtschaft mit der Meeresbiologie gelingt, das „Kulturgebiet des Wattenbodens" durch Einführung einer Austernkultur mehr in den letzten Jahrzehnten auszunutzen, wie es in großem Maßstabe in Dänemark und Holland bereits geschieht.

Die in den Watten zwischen dem Hevergebiet und der dänischen Grenze liegenden Bänke werden vielfach, weil sie dem Staate gehören, als „fiskalische"

Bänke und die Austern als „fiskalische" Austern bezeichnet. Die Anlagen für den Austernversand waren früher in Husum und sind jetzt seit 1910 in List auf Sylt. Dort sind drei große Bassins angelegt, in denen die lebenden Austern bis zum Versand aufbewahrt werden; sie haben nach neueren Untersuchungen von A. Hagmeier einen Fleischgehalt von 15—20%, gegenüber einem Gehalt von 10—15% bei ausländischen Austern und sollen auch im Geschmack überlegen sein. Von dieser fiskalischen Auster ist die sog. „wilde" Auster zu unterscheiden, die in der südlichen Nordsee in der Gegend der 40 m-Tiefenlinie zerstreut vorkommt; auch vor den Inseln Borkum, Langeoog,

Abb. 71. Rathaus und alte Häuser am Markt in Husum. Aufnahme Dr. H. Halske, Hamburg (Zu Seite 75)

Wangeroog und ostsüdöstlich von Helgoland gibt es wilde Austernbänke, die aber z. T. durch Raubfischerei bedeutungslos geworden sind. Dort wurden bis zum Kriege besonders durch Finkenwärder Fischkutter in den Wintermonaten Dezember bis März Austern gewonnen, doch ist auch dort der Bestand erheblich zurückgegangen, so daß die deutsche Austernfischerei in der offenen Nordsee keine Rolle mehr spielt.

Eine verhältnismäßig große Bedeutung innerhalb der Küstenfischerei hat der Fang von Krabben (oder Garnelen); dies ist ein kleiner Krebs, der in gekochtem Zustande in den Handel kommt und dann von grauer Farbe ist im Unterschied gegen die Ostseekrabben, die beim Kochen eine rote Farbe annehmen. Der Fang erfolgte früher ausschließlich und jetzt auch noch zum Teil mit dem sog. „Schiebehamen", einem Netz, das meist von Frauen und Kindern im Wasser watend an einem Stiel über das Watt geschoben wird; der gewonnene Inhalt wird von Zeit zu Zeit in Körbe entleert (Abb. 37). Nach dem Kochen kommen die Krabben in den Handel. Ziemliche Verbreitung, vor allem im Jadebusen und im Ems-Dollartgebiet, haben auch heute noch die sog. Granatkörbe, das sind runde, reusenartige Fangkörbe aus Holzstäben, die in langen Reihen an den Hängen der Priele mit der Öffnung gegen den Ebbestrom aufgestellt werden. Um während der Zeit eines Niedrigwassers die Entleerung mög-

Abb. 72. Rotesandleuchtturm. Die Turmspitze ist 28½ m, das Feuer 24 m über der Hochwasserlinie; das rote Licht ist 14 Seemeilen, das weiße Licht 15 Seemeilen weit sichtbar. Aufnahme Norddeutscher Lloyd, Bremen (Zu Seite 105)

lichst vieler Körbe vornehmen zu können, bedienen sich die Schiffer zur schnellen Fortbewegung auf dem schlickigen Wattboden besonderer Schlitten, die entweder durch Abstoßen mit einem Fuß fortbewegt oder durch Hunde gezogen werden. Diese Verkehrsmittel werden im Weser-Jadegebiet als „Schlickschlitten", im Dollart-Emsgebiet als „Kraier" bezeichnet. Neuerdings wird dieser Fang meist von Fahrzeugen mit Kurren betrieben, und das Kochen der Krabben erfolgt gleich an Bord. Die Hauptplätze der Kurrenfischerei auf Krabben sind Büsum und Olversum (Tönning).

Auch die Miesmuschel (Mytilus edulis) findet als Nahrungsmittel Verwendung; man sieht die hübsch blau gefärbte Muschel vielfach zu vielen Tausenden an Pfählen sitzen, und stellenweise sind weite Flächen im Watt von diesen Muscheln bedeckt. Zwischen Hörnum und Amrum an den Rändern des Hörnum Tief liegen zahlreiche dichtbesetzte Miesmuschelbänke; noch verbreiteter sind sie auf den Watten hinter den ostfriesischen Inseln, z. T. fallen sie bei Niedrigwasser trocken, andere liegen auch dann noch bis 1 m unter der Wasseroberfläche (vgl. Abb. 35). Entsprechend dieser Lage können sie direkt mit Forken vom Boden losgeschaufelt werden, oder aber sie werden mit starken, an eisernen Bügeln befestigten Netzen heraufbefördert. An der nordfriesischen Küste wurden die Muschelbänke nur während des Krieges nennenswert von Büsum und Husum aus für die menschliche Nahrung ausgenutzt, an der ostfriesischen aber bereits früher, und auch heute noch wird dort der Miesmuschelfang von Norddeich und Carolinensiel aus für Ernährungszwecke betrieben. Dort wurde in früherer Zeit die Miesmuschel hauptsächlich als Dünger für das Kartoffel- und Gemüseland auf den ostfriesischen Inseln und um die Mitte des 19. Jahrhunderts auch als Dünger bei der Moorkultivierung benutzt; in den 70er Jahren sollen jährlich etwa 18000 Tonnen Miesmuscheln für Düngungszwecke nach dem Festlande gebracht worden sein. Eine Vorstellung von dem Umfang der Miesmuschelgewinnung gibt, daß im Jahre 1915/16 etwa 2½ Millionen kg im ostfriesischen Wattengebiet gewonnen worden sind.

Abb. 73. Der älteste Leuchtturm der Nordsee auf der Insel Neuwerk. Aufnahme Hans Breuer, Hamburg (Zu Seite 85 u. 105)

Die Schalen abgestorbener Muscheln werden durch die Strömung an manchen Orten der Watten in großen Mengen angehäuft. Wegen ihres Kalkgehaltes werden sie zu Düngerkalk verarbeitet, zum kleineren Teil auch zu Geflügelkalk. Früher wurde die Gewinnung der Muschelschalen, des „Schill", von Inselbewohnern betrieben, heute mit moderneren Methoden von Neuharlingersiel aus. Zwei für die Schillgewinnung besonders eingerichtete Fahrzeuge sind dort vorhanden; mit einem Saugbagger wird der mit Schill vermengte Sand aufgesaugt, worauf der Schill über Sieben vom Sande befreit wird. Die weitere Aufbereitung erfolgt in einer Kalkbrennerei in Esens, dort werden jährlich 10 bis 12000 cbm verarbeitet.

Die Gewinnung von Seemoos hat erst in den letzten Jahrzehnten Bedeutung gewonnen. Es handelt sich dabei um koloniebildende Polypen, also Tiere, deren nachträglich grün gefärbtes, ursprünglich graues festes Gerüst als Dauerschmuck für Ampeln usw. in den Handel gebracht wird. Ehemals wurde das stellenweise in großen Mengen angetriebene Seemoos einfach bei Niedrigwasser auf dem Watt gesammelt, zunächst besonders von Büsum, dann auch von Husum, Amrum und Föhr aus. Jetzt wird es von Segel= und Motorfahrzeugen aus mit dafür geeigneten Kurren an den Plätzen, wo das Seemoos wächst, gefischt, und es ist eine große Zahl von Plätzen gefunden worden, wo es in dichten, wiesenartigen Beständen vorkommt sowohl im nord= wie im ostfriesischen Gebiet (vgl. Abb. 36). Da infolge der zunehmenden Ausbeutung die Bestände stark zurückgingen, wurden zunächst nur für die schleswig=holsteinische, dann seit 1913 auch für die ostfriesische Küste Schonzeiten für die Monate April bis August eingeführt.

Die Fischerei in der Elbe, einem der fischreichsten Ströme Europas, ist in der eigentlichen Mündung ähnlich der im Watt, nimmt aber weiter aufwärts mit Überwiegen des Süßwassers langsam anderen Charakter an. Der ertragreiche Fang von Butt wurde von alters her hauptsächlich von Finkenwärder aus betrieben; die Störfischerei ist stark zurückgegangen; vor den 80er Jahren mögen

Abb. 74. Brandschwalben auf der Vogelfreistätte des Düneneilands Mellum. Aufnahme Dr. H. Nitzschke. Wilhelmshaven

jährlich vielleicht 7000 Störe gefangen sein, für 1919 wird nur noch von 20 gefangenen Stören berichtet. Die Aalfischerei hat seit langem eine große Bedeutung, als Fang für 1917 und 1918 werden etwa je 200000 kg angegeben; weiterhin sind auch der Stint-, Maifisch- und der Herings- und Sprottfang erwähnenswert. Der früher bedeutende Lachsfang ist ganz zurückgegangen. — Die wichtige Stellung der Elbfischerei innerhalb der gesamten deutschen Küstenfischerei geht am besten daraus hervor, daß von der 2000 betragenden Gesamtzahl der in der Küstenfischerei im Jahre 1925 benutzten Fahrzeuge auf die Elbe allein rund 1200 entfallen.

Der an den nordfriesischen Inselküsten und auch unter den Halligen in 1—2 m Tiefe vielfach vorkommende Torf (Seetorf oder Tuul) hat früher praktische Verwendung gefunden; er wurde bei Ebbe auf dem Watt ausgegraben und nach dem Trocknen als Brennmaterial benutzt; aus der Asche wurde bis Ende des 18. Jahrhunderts Salz gewonnen, das trotz des bitteren Geschmackes Verwendung fand und auch nach Dänemark ausgeführt wurde.

Erwähnt sei endlich auch die Seehundjagd, ein besonders von den Badegästen ausgeübter Sport, der zu einer erheblichen Verminderung des Bestandes geführt hat. Um einer Ausrottung vorzubeugen, sind den Fang und die Jagd einschränkende Bestimmungen mit Gültigkeit vom August 1927 ab eingeführt worden.

Bei der Hochseefischerei haben wir zu unterscheiden zwischen dem Fang von Heringen und dem Frischfischfang.

Die Heringsfischerei hat schon im Mittelalter für Deutschland eine große Rolle gespielt, und die Fischerei an der Küste von Schonen bildete eine wichtige Grundlage für den Bund der Hansa, sie war unter den Nordseehäfen besonders für Hamburg wichtig. Auch nach dem Aufhören der Schonenfischerei wußte sich Hamburg im Heringshandel lange Zeit eine führende Stellung zu erhalten. Ein zweites Zentrum der Heringsfischerei bildete sich schon früh in Emden aus, das allerdings schwer mit der holländischen Konkurrenz zu kämpfen hatte; auch bereiteten

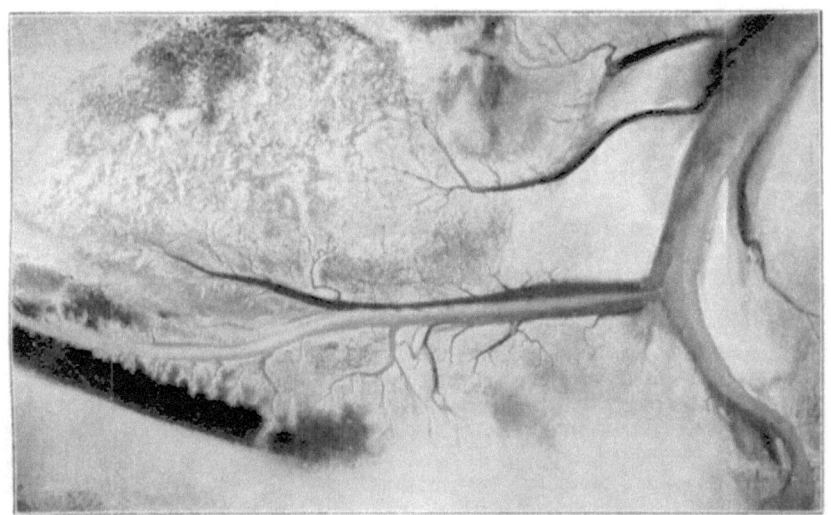

Abb. 75. Blick auf das Watt zwischen Wangeroog und der Küste bei Minsen mit Prielen (rechts Süd-
balje). Lage etwa 53³/₄° N.-Br. 7° 56' ö. Lg. Aufnahme Reichsamt für Landesaufnahmen, Berlin
(Zu Seite 88)

bei der Vielstaaterei in Deutschland die Zollschranken erhebliche Schwierigkeiten für den Vertrieb der Fänge. Nach der Gründung des Deutschen Reiches begann für die Heringsfischerei ein neuer Aufschwung, vor allem von Emden aus wurde sie nun betrieben, an zahlreichen anderen Plätzen wurden neue Gesellschaften für Heringsfischerei gegründet, so in Glückstadt, Vegesack, Altona, Elsfleth, Brake, Leer, Bremerhaven, Nordenham. Die erste Stelle im Heringsfang nehmen heute die Städte Emden und Leer im Gebiet der Ems ein. Die Weserorte folgen in zweiter Linie; dort ist nicht Wesermünde, der größte deutsche Fischereihafen, sondern Vegesack der Mittelpunkt. Demgegenüber hat der Heringsfang der Elbstädte geringere Bedeutung.

Abb. 76. Deichtor in Butjadingen. Aufnahme Dr. H. Halske, Hamburg
(Zu Seite 85)

Der Schauplatz der Heringsfischerei ist die westliche Nordsee, wechselt dort aber. Im Mai oder Juni beginnt der Fang auf der Höhe der Shetlands-Inseln und wandert mit der fortschreitenden Jahreszeit bis zum November oder Dezember nach Süden bis südlich von der Dogger Bank.

Bislang reichen die Erträge der deutschen Heringsfischerei bei weitem nicht aus, den Bedarf in Deutschland zu decken; vor dem Kriege wurden etwa 20% durch deutsche Fahrzeuge geliefert, dieser Prozentsatz ist aber heute noch nicht wieder erreicht.

Von der Heringsfischerei scharf zu unterscheiden ist die Hochseefischerei auf Frischfische, die auf Eis oder lebend, d. h. frisch auf den Markt gebracht werden (Schellfisch, Scholle, Kabeljau, Steinbutt, Seezunge, Köhler usw.). Die Entwicklung dieser Hochseefischerei ging fast ganz von der unternehmungslustigen Bevölkerung von zwei Orten an der Niederelbe aus, von Blankenese und Finkenwärder; zunächst war der Schwerpunkt durchaus bei den Blankenesern, ging aber zu Beginn des 19. Jahrhunderts auf die Finkenwärder über. Auch heute noch wird die Fischerei mit Kuttern, die jetzt allerdings keine Segel-, sondern Motorfahrzeuge sind, vor allem von der Unterelbe aus betrieben (Abb. 38).

Der wesentlichste, die Hochseefischerei im Laufe der Zeit umgestaltende Gesichtspunkt war die Einführung der Fischdampfer, die der Tatkraft des Geestemünder Fischgroßhändlers F. Busse zu danken ist, der 1885 den ersten deutschen Fischdampfer hinausschickte. Die Entwicklung ist dadurch gekennzeichnet, daß die Zahl der deutschen Fischdampfer sich bis 1927 auf 389 vermehrt hat! Die Weser hat hierbei durchaus die Führung; auf Wesermünde entfallen allein 127 Dampfer, Cuxhaven steht an zweiter Stelle, dann folgen Altona, Bremerhaven, Hamburg, Nordenham, Emden, Cranz usw. Die Ems, welche in der Heringsfischerei die erste Rolle spielt, tritt in der Frischfangfischerei ganz zurück, die Dampferfischerei ist fast ganz auf Elbe und Weser konzentriert. Die Entwicklung und Lage ist vielleicht durch die folgenden Gesamtzahlen für die Dampfer in beiden Flußgebieten am besten charakterisiert:

Zahl der Fischdampfer im Weser- und Elbegebiet

	Weser	Elbe
1900	93	25
1910	156	63
1913	175	76
1924	194	165
1927	206	183

Die Führung liegt also heute noch bei den Weserorten (Abb. 39), doch schreitet zur Zeit die Entwicklung an der Elbe, besonders in Cuxhaven (Abb. 40), schneller fort als an der Weser.

Ein erhebliches Hindernis für eine weitere Entwicklung der Fischerei liegt in der mangelnden Aufnahmefähigkeit Deutschlands für die herangebrachten Fische. Wenn man berücksichtigt, daß im Jahre 1924 die 45 Millionen Einwohner Großbritanniens über 1100 Millionen kg Seefische als Nahrung verwandten, Deutschland mit 60 Millionen Einwohnern nur den fünften Teil (218 Millionen kg), so ist nicht zu zweifeln, daß der Absatz noch erheblich zu vergrößern ist auch trotz der ungünstigeren Lage, die das deutsche Absatzgebiet zu der Küste hat gegenüber dem englischen. Es liegt z. Zt. so, daß die Dampferfischerei gezwungen ist, einen erheblichen Teil ihres Fanges (1926 : 26%) im Auslande abzusetzen, besonders in Großbritannien. Dies steht, wie wir sehen, ganz im Gegensatz zur Heringsfischerei.

Abb. 77. Borkum. Zeltstrand mit anschließendem Familienbad. (Zu Seite 88)

In bezug auf die Erträge steht beim Fischfang in der Nordsee der Hering durchaus an erster Stelle. Im einzelnen geht das aus folgenden für 1925 gültigen Zahlen hervor:

	Millionen Pfund	%		Millionen Pfund	%
Hering	53	48,5	Seehecht	1,9	1,7
Schellfisch	16,5	15	Leng	1,7	1,6
Wittling	10,5	9,7	Scholle	1,7	1,5
Köhler	10	9,5	Knurrhahn	1,3	1
Kabeljau	6	5,7	Rochen	1,3	1

Von der Bedeutung der gesamten deutschen Fischerei gibt vielleicht eine Vorstellung, daß der Ertrag der deutschen See- und Küstenfischerei im Jahre 1926 mit Einschluß der im Auslande angebrachten Mengen einen Wert von rund 75 Millionen RM. hatte, davon entfallen rund 11 ½ Millionen RM. auf die Ostsee einschließlich der Haffe.

Die Ursachen und Bedingungen der Verbreitung und Wanderungen der Nutzfische zu untersuchen, kurz fischereibiologische Arbeiten im weitesten Sinne auszuführen und dadurch die Grundlagen für eine rationelle Bewirtschaftung des Meeres zu liefern, ist die Aufgabe der Deutschen Wissenschaftlichen Kommission für Meeresforschung, deren Arbeitsgebiet natürlich vor allem die Nordsee ist, aber auch die übrigen von den deutschen Fischdampfern aufgesuchten Meeresgebiete gehören zu ihrem Untersuchungsbereich, so die Ostsee, die isländischen Gewässer und das Barentsmeer. An den Arbeiten der Kommission, für welche der Reichsforschungsdampfer „Poseidon" zur Verfügung steht, sind u. a. beteiligt die Biologische Anstalt auf Helgoland, die fischereibiologische Abteilung des Zoologischen Staatsinstituts und die Deutsche Seewarte in Hamburg.

Um bei rechtlichen Streitigkeiten zwischen Fischereifahrzeugen auf See den nötigen Schutz zu gewähren und auch nötigenfalls ärztliche Hilfe zu leisten, unterhält die Reichsmarine einen besonderen Aufsichtsdienst, in welchem vor allem das Fischereischutzboot „Zieten" Verwendung findet.

IV. Das Klima

Die deutsche Nordseeküste gehört wie das übrige nordwestliche Deutschland zum atlantischen Klimagebiet, d. h. es steht unmittelbar unter dem Einfluß der durch den westlich gelegenen Atlantischen Ozean bedingten Luftbewegung. Dieser atlantische Einfluß tritt an den Küsten und noch mehr auf den Inseln, vor allem in Helgoland weit reiner in Erscheinung als weiter im Binnenlande; hinzu kommt noch als weiterer ausschlaggebender Faktor die Beeinflussung durch die Nordsee selbst. Die bemerkenswertesten Eigenschaften des Klimas und der Witterung in unserem Gebiete im Verhältnis zum Binnenlande sind: größere Bewegung der Luft, wesentlich geringere Temperaturschwankungen im Laufe des Jahres, also kühle Sommer und milde Winter, weiter eine Verschiebung des jährlichen Temperaturganges, indem der Frühling verhältnismäßig spät beginnt, der Herbst aber länger andauert. Nehmen wir hinzu die größere Reinheit der Luft, so haben wir die am meisten charakteristischen Eigenschaften des Klimas, die beim Aufenthalte an der Küste auffallen.

Wie im übrigen nordwestlichen Europa ist die Witterung in erster Linie durch die von Westen nach östlicher Richtung ziehenden Depressionen, Gebiete niedrigen Luftdruckes, bedingt und unter deren Einfluß ist „starke Veränderlichkeit" des Wetters ein wesentliches Charakteristikum. Von Oktober bis März über-

Abb. 78. Blick auf Juist. Aufnahme W. Brunke, Emden (Zu Seite 89)

wiegen durchaus die südwestlichen Winde, während in den übrigen Monaten Luftbewegung aus nordwestlicher und westnordwestlicher Richtung am häufigsten ist. Nach aus den Beobachtungen in Keitum auf Sylt, Helgoland, Hamburg und Borkum berechneten Mittelwerten (Stillahn) ergibt sich für die Nordseeküste folgende prozentische Windverteilung:

	N	NO	O	SO	S	SW	W	NW
Winter	5,2	8,9	12,1	12,2	8,9	24,4	14,9	10,0
Frühling	10,9	12,5	10,9	9,7	6,0	16,0	13,6	17,5
Sommer	10,7	7,9	6,8	6,5	5,7	16,6	19,0	23,5
Herbst	6,1	7,5	10,9	12,6	9,6	21,5	14,2	12,8
Jahr	8,3	9,1	10,2	10,2	7,5	19,6	15,4	15,9

Hierin zeigen sich keine nennenswerten Unterschiede gegenüber dem übrigen Norddeutschland. Wohl aber ist dies in der Stärke der Luftbewegung der Fall, wie ein Blick auf die Tabelle über die Monats- und Jahresmittel der Windgeschwindigkeit in $^m/sec$ für einige ausgewählte Orte zeigt (nach Aßmann):

	Jahr	Jan.	Febr.	März	April	Mai	Juni	Juli	Aug.	Sept.	Okt.	Nov.	Dez.
Borkum	7,8	8,5	8,0	8,2	7,4	7,0	7,0	6,9	7,4	7,2	8,4	8,7	8,9
Wilhelmshaven	5,7	6,5	6,4	6,6	6,0	5,6	5,0	4,5	4,5	4,6	5,6	6,5	6,5
Hamburg	5,5	6,2	5,9	5,9	5,3	5,1	4,9	4,9	5,0	4,9	5,5	5,8	6,1
Keitum auf Sylt	5,1	5,5	5,5	5,6	5,2	4,9	4,7	4,7	4,9	4,8	5,1	5,3	5,5
Berlin	4,5	4,9	5,0	5,2	4,6	4,4	4,2	4,1	4,2	4,0	4,5	4,3	4,8
Kassel	2,2	2,5	2,4	2,5	2,1	2,0	1,9	1,8	1,9	1,8	2,1	2,2	2,7

Zum Vergleich sind die Werte für Berlin und Kassel hinzugefügt. Vor allem im Westen, in Borkum, haben wir hohe Werte, aber auch im übrigen Seegebiet ist in allen Monaten eine größere Luftbewegung als im Binnenlande. Besonders in den Wintermonaten treten große Windgeschwindigkeiten auf, die Monate Mai bis September sind die ruhigsten.

Die auffällige Erscheinung, daß bei den Bauernhäusern im Gebiet der Westküste von Schleswig-Holstein meist eine Schmalseite nach Westen zeigt, sie also überwiegend ostwestlich orientiert sind, ist wohl in erster Linie eine Schutzmaßnahme gegen die starken Winde aus westlichen Richtungen; sie findet sich auch in anderen Gebieten der Nordseeküste, z. B. zwischen Elbe und Weser.

Da die Luft für die Wärmestrahlen, die von der Sonne zur Erde gelangen, in hohem Maße durchlässig ist, so ist ihre Temperatur in erster Linie von der Erd- bzw. Meeresoberfläche bestimmt. Die Unterschiede im thermischen Verhalten, wie wir oben bei der Betrachtung des Wärmeverhältnisse des Meerwassers zwischen Meer und Land feststellten, gelten ebenso für die Temperaturen der darüber befindlichen Luft. Hier liegen also klimatisch sehr bedeutungsvolle Unterschiede vor. Vergleichen wir, um dies näher zu erfassen, die an der Küste und auf den Inseln auftretenden Lufttemperaturen mit denen im Binnenlande (Berlin), so ergibt sich folgendes:

	Jahr	Jan.	Febr.	März	April	Mai	Juni	Juli	Aug.	Sept.	Okt.	Nov.	Dez.
Borkum	8,4	0,8	1,5	3,1	6,6	10,9	14,3	16,2	16,0	14,1	9,6	5,1	2,3
Norderney	8,3	0,7	1,6	3,3	6,7	10,7	14,0	15,9	15,8	14,0	9,8	5,2	2,2
Helgoland	8,2	1,5	1,4	2,5	5,6	9,8	13,3	15,4	15,6	14,2	10,3	6,2	3,1
Westerland	7,9	0,6	0,7	2,1	5,7	10,5	14,0	15,8	15,5	13,5	9,4	5,1	2,2
Wyk (Föhr)	8,0	0,3	0,6	2,3	6,0	10,8	14,6	16,1	15,6	13,4	9,2	4,8	1,9
Hamburg	8,3	−0,3	0,8	3,1	7,3	12,0	15,6	16,9	16,1	13,6	8,8	4,1	1,3
Berlin	8,6	−0,7	0,5	3,2	7,6	13,2	16,7	18,0	17,0	13,8	8,8	3,8	0,7

In den mittleren Jahrestemperaturen sind die Unterschiede nur gering, größer in den einzelnen Monaten und vor allem im jährlichen Gang. Höhere Temperaturen im Winter und niedrigere im Sommer bedingen, daß die jährliche Temperaturschwankung, d. h. der Unterschied zwischen dem wärmsten und kältesten Monat, an der Küste erheblich niedriger als im Binnenlande ist. Doch sind die obigen Zahlen nur Mittelwerte aus einer größeren Reihe von Jahren, im Einzelfalle können die festzustellenden Temperaturen erheblich davon abweichen. Wenn sich im Winter das über Rußland ausgebreitete Gebiet hohen Luftdruckes nach Westen vorschiebt und Ostwinde uns die kalte Luft aus Osteuropa bringen, dann können auch an der Küste und selbst auf Helgoland sehr niedrige Temperaturen erreicht werden, und umgekehrt kann in Ausnahmefällen auch im Sommer die Erwärmung besonders unter dem Einfluß kontinentaler Ostwinde hohe Beträge erreichen. Die höchsten und niedrigsten im Zeitraum 1881—1910 überhaupt beobachteten Temperaturen sind im folgenden für einige Orte zusammengestellt.

Höchste und niedrigste Temperaturen im Zeitraum 1881—1910

	höchste Temperatur		niedrigste Temperatur	
	° C	Datum	° C	Datum
Helgoland	31,6	4. 7. 1883	−12,2	5. 1. 1894
Keitum	33,4	4. 7. 1883	−15,4	17. 1. 1893
Westerland	33,0	4. 7. 1883	−18,0	13. 2. 1895
Wilhelmshaven	32,3	4. 7. 1883	−16,8	24. 1. 1881
Borkum	31,9	4. 7. 1883	−15,2	5. 1. 1894
Berlin	36,4	16. 7. 1904	−23,1	19. 1. 1893
Hamburg	32,1	1. 7. 1905	−18,4	18. 1. 1893

Selbst in diesen Ausnahmewerten treten die zwischen den einzelnen Gebieten bestehenden klimatischen Unterschiede noch hervor. Helgoland, als der am meisten

Abb. 79. Norderney. Blick auf die Düne mit dem Leuchtturm. Gemälde von Paul Ernst Wilke (Zu Seite 89)

dem ausgleichenden Einfluß der Nordsee ausgesetzte Ort und ähnlich auch Borkum weisen die geringste Schwankung zwischen den Extremen auf, und auch hier zeigt sich der Gegensatz gegenüber dem Binnenlande (Berlin). Bei den Temperaturen auf Sylt ist dabei zu berücksichtigen, daß im Winter bei länger andauernder Kälte und bei Ostwinden das Watt mit Eis bedeckt ist und der ausgleichende Einfluß der Nordsee sich dann also nur in geringem Maße bemerkbar machen kann.

Für die Ausnutzung der Nordseeküsten und -inseln als Erholungsstätten sind der kühle Sommer und der milde Herbst von größter Bedeutung. Bereits im September und noch mehr im Oktober weist die Küste höhere Temperaturen als das Binnenland auf, so daß der Kuraufenthalt an der Nordsee im Herbst für die Badeorte eine immer größere Rolle zu spielen beginnt, ebenso kommt trotz der stärkeren Luftbewegung der Winteraufenthalt immer mehr in Aufnahme, da die Inseln und die Küste der Nordsee dann die wärmsten Gebiete in Deutschland sind, wenn wir von den an Holland und Belgien grenzenden niederrheinischen Landstrichen absehen.

In bezug auf die Verteilung der Niederschläge auf die einzelnen Monate des Jahres zeigt sich, daß der Herbst (Oktober) die größten, das Frühjahr (April) die geringsten Niederschläge bringt. Der September, der sich schon thermisch als besonders begünstigt erwies, fällt durch eine verhältnismäßig geringe Niederschlagsmenge auf.

Verteilung der Niederschläge in Westerland, Keitum, Helgoland auf die einzelnen Monate des Jahres in Prozenten

Jan.	Febr.	März	April	Mai	Juni	Juli	Aug.	Sept.	Okt.	Nov.	Dez.
7,0	6,1	6,8	5,2	5,8	5,8	8,6	12,2	10,0	12,9	10,1	9,5

Entsprechend weist auch die Bewölkung eine jährliche Schwankung auf, sie ist im Mittel am größten von Oktober bis März und am geringsten von April bis September.

Im einzelnen zeigt die Ausbildung des Klimas und des Wetters natürlich manche Besonderheiten, so den auffälligen Wechsel zwischen Land- und Seewind, weiter die zwischen Westerland auf Sylt und dem weiter von der offenen See entfernten Wyk auf Föhr, zwischen dem mitten in der Nordsee gelegenen Helgoland und den übrigen schon ein wenig kontinentaleren Plätzen an der Deutschen Bucht der Nordsee usw. charakteristischen Unterschiede besonders in der Temperatur. Erwähnt sei noch (nach Seilkopf) das auffällige Auftreten von Haufenwolken an klaren Sommertagen über dem westlichen Dünenrande von Sylt und Amrum sowie über Föhr, die ihre Entstehung dem erzwungenen Aufsteigen der von Westen kommenden Luft am Rande der Dünen und der Reibung der Luft bei ihrer Fortbewegung über die Inseln verdanken.

Die sowohl für die Schiffahrt wie die Fischerei lebenswichtige Voraussage von Stürmen ist eine der Aufgaben der Deutschen Seewarte. Die Sturmwarnungen werden sowohl durch besondere, weithin sichtbare Zeichen an den Signalmasten der zahlreichen Sturmwarnungsstellen wie auch telephonisch, durch Wetterkarten und besonders durch den Rundfunk schnellstens bekanntgegeben.

V. Das Küsten- und Inselgebiet nördlich der Elbe

In dem Insel- und Küstengebiet zwischen der Elbe und der dänischen Grenze tritt vielleicht der ständige Kampf zwischen Mensch und Meer am eindringlichsten innerhalb des ganzen Nordseegebietes in Erscheinung. Noch vor vielleicht 1000 Jahren wich die Grenze zwischen Meer und Land ganz von der jetzigen ab und ist noch heute in ständiger Umwandlung begriffen; es sei nur an den jüngst durchgeführten Neubau des Dammes zwischen Sylt und dem Festlande (Abb. 41) erinnert, der höchstwahrscheinlich Anlaß zu neuen Anlandungen geben wird. An mehreren Stellen tritt die Geest an die Küste heran, so östlich der Inseln Sylt und Nordstrand. Im übrigen ist die Küste durch hohe Deiche vor den Fluten der Nordsee geschützt. Die weit nach Westen vorspringende Halbinsel Eiderstedt ist im Laufe mehrerer Jahrhunderte in hartem Kampfe mit dem Meere aus drei Inseln entstanden und ebenso ist südlich der Eider bis zur Elbe ein Koog nach dem anderen dem Meere durch Eindeichung entrissen worden. Ständiger Aufmerksamkeit und zäher Arbeit der Bewohner bedurfte es, um in diesem Kampfe mit der tückischen See Sieger zu bleiben. Wirtschaftlich höchst bedeutungsvolle Gebiete sind es, die hier für den Menschen gewonnen worden sind und noch weiter dem Meere entrissen werden. — Ein wichtiger Gegensatz zeigt sich zwischen den Marschen nördlich und südlich der Eider in bezug auf die Nutzung durch den Menschen. Im Norden, besonders im Kreise Eiderstedt, ist der Ackerbau durch die Viehwirtschaft mehr als sonst irgendwo in Deutschland zurückgedrängt, nur 11% der landwirtschaftlich benutzten Fläche Eiderstedts dient dem Acker= und Gartenbau, der Rest allein der Viehwirtschaft. Im Gegensatz hierzu sind die Marschen Norder= und Süder=Dithmarschens die an Getreide ertragreichsten Gebiete ganz Schleswig=Holsteins, die Viehzucht tritt dem= gegenüber zurück. Fassen wir die Erträge aus Bodenanbau und Viehwirtschaft zusammen, so heben sich die festländischen Nordsee= und auch die Elbmarschen weit über das sonstige schleswig=holsteinische Gebiet. Den großen Bauernhöfen in der Marsch sieht man den wirtschaftlichen Wohlstand seiner Bewohner schon von weitem an, und auch darin prägt sich der Gegensatz zwischen Marsch und Geest aus (Abb. 49). — Im Lande Eiderstedt hat sich die eigentümliche Bauart der Hauberge entwickelt, z. T. riesige Anlagen, bei denen die Häuser quadratisch rings um einen Hofplatz angeordnet sind; wie eine Burg wirken diese Bauern= höfe und haben sich so wohl wegen der vielen Kämpfe zwischen Friesen und Dithmarschern in früheren Jahrhunderten entwickelt. Seitdem hat sich die Wirt= schaftsform geändert, die Eiderstedter sind Viehzüchter geworden, und die Hauberge werden auch aus diesem Grunde im Laufe der Zeit verschwinden.

Für die Entwicklung der größeren Orte an der Westküste wird neben der Nähe der reichen Viehzucht= und Ackerbaugebiete in erster Linie die Verkehrslage

Abb. 80. Tennisplätze am Strand von Norderney (Zu Seite 89)

Abb. 81. Strandpromenade auf Borkum. Aufnahme Deutscher Lichtbild-Nachweis, München
(Zu Seite 88)

bestimmend gewesen sein. Die jütische Halbinsel, auf deren südlichstem Teil Schleswig-Holstein gelegen ist, bildet eine Grenze zwischen der Ost- und Nordsee; quer über sie hinweg mußte sich also in früherer Zeit, als man den gefährlichen Seeweg um Kap Skagen möglichst zu vermeiden suchte, ein lebhafter Verkehr zwischen Ost- und Westeuropa entwickeln. Da die Waren von Westen und von Osten vor allem auf dem bequemeren und billigen Wasserwege heran- und fortgeführt wurden, entstanden dort, wo Flüsse den Schiffen den Weg ins Land öffneten und außerdem der Landweg möglichst kurz war, Umschlagplätze, an denen der Wasserweg endete und der Landtransport begann. Ein weiterer Verkehrsweg führte in südnördlicher Richtung von Deutschland nach Skandinavien und zwar auf der Geest am Rande zwischen Geest und Marsch. Die Lage an den Kreuzungspunkten dieser beiden Verkehrsrichtungen hat sich für die Entwicklung von Ortschaften als besonders günstig erwiesen, und das Aufblühen der Städte Itzehoe (an der Stör), Meldorf, Heide, Friedrichstadt und Tönning (an der Eider), Husum (Abb. 70, 71) u. a. ist durch die Verkehrslage erheblich gefördert worden. Innerhalb der reichen Marschgebiete haben sich noch weitere größere Ortschaften entwickelt, so Marne, Friedrichskoog, Wesselburen, Garding usw. Büsum hat neben seiner schon älteren Bedeutung als Mittelpunkt für Fischerei und Küstenhandel mit Erbauung einer Zweigbahn von Heide aus eine steigende Bedeutung als Badeort gewonnen, ebenso nimmt der Besuch der Badeorte St. Peter und Ording an der mit Dünen bedeckten Westküste von Eiderstedt ständig zu.

Der Küste in Abständen von 3 bis 25 Seemeilen vorgelagert sind die nordfriesischen Inseln mit den angrenzenden Sänden; zwischen ihnen und der Küste dehnt sich das öde graue Watt, nur unterbrochen durch Priele von wechselnder Tiefe. Die Westseite der Insel Sylt ist bis auf das Nordende frei von Sänden, und die 6 m-Tiefenlinie tritt dicht an die Küste heran, bei Westerland ist sie nur etwa 1 km von ihr entfernt, aber selbst hier neigt sich der Meeresboden nur um etwa $1/3°$!

Westlich der Halbinsel Ellenbogen springt die 6 m-Tiefenlinie drei Seemeilen nach Westen vor; dort befindet sich der z. T. bei Niedrigwasser trockenfallende und an der Brandung kenntliche Salz=Sand, der nach Norden steil zum Lister Tief*) abfällt; dieses wird im Norden durch weitere Sände, die sich westlich von Röm ausdehnen, begrenzt. Trotz seiner Schmalheit ist das durch Tonnen und Feuer gut gekennzeichnete Lister Tief an der ganzen Küste nördlich der Elbe die noch am leichtesten zugängliche Einfahrt zu einer sicheren Reede und wird von Küstenfahrern und Fischern bei aufkommendem schlechten Wetter viel benutzt, da sie hinter der Insel Sylt bei auflandigen Winden vollkommen geschützt sind. Südlich von Hörnum dehnen sich in der Verlängerung der Halbinsel etwa 10 Sm weit Sände aus, die meist benannt sind, wie Thee Knobs, Hörnum Knobs, Holt Knobs, Jungnamen Sand usw., meist fallen sie bei Niedrigwasser trocken. Südlich von ihnen führt über eine bei Springniedrigwasser nur 3,7 m tiefe Barre ein Schiffahrtsweg in das Vortrapp=Tief und weiter in das Hörnum=Tief. — Östlich von Sylt dehnt sich das weite Wattenmeer, das nach Norden und Süden durch ganze Prielsysteme entwässert wird. Auch zwischen den übrigen Inseln führen Wasserwege weit in das Watt hinein, so südlich Föhr die Norder=Aue, südlich von Nordmarsch die Süder=Aue, bei Pellworm und Nordstrand die Norder= und Süder=Hever, südlich der Halbinsel Eiderstedt die Eider und weiterhin die Norder= und Süder=Piep.

Von den nordfriesischen Inseln ist Sylt die größte, wirtschaftlich bedeutungsvollste und am meisten besuchte; sie erstreckt sich parallel der Festlandsküste von 55°3' bis 54°44' N=Br. vom Westleuchtturm am Lister Tief im Norden bis Hörnum Odde im Süden mit 36 km langer Küstenlinie. Lang und schmal ist die Insel dem Festlande wie ein gewaltiges Bollwerk vorgelagert, ihre größte Ausdehnung senkrecht zum Meeresstrande hat sie in dem eigentlichen Kern der Insel, ostsüdöstlich von Westerland mit 12½ km. In den halbinselartigen Fortsetzungen nach Norden und Süden ist die Breite ganz wesentlich geringer, bei Rantum schrumpft sie auf nur ½ km(!) zusammen. Trotz der beträchtlichen nordsüdlichen Erstreckung beträgt die Fläche der Insel nur rund 90 qkm, sie nimmt also nur rund ¾ der Fläche des Vierwaldstätter Sees ein.

Das Rückgrat der Insel gewissermaßen bilden die beiden diluvialen Kerne zwischen Westerland=Keitum=Kampen und um Archsum und Morsum, sie sind durch niedriges Marschland verbunden; am Rande dieser Gebiete gegen das Meer und das Watt finden sich die landschaftlich Sylt einen besonderen Reiz verleihenden Kliffs. Das an der Westseite gelegene „Rote Kliff" erreicht in der Nähe von Kampen 30 m Höhe. In den unteren Teilen tritt tertiärer weißer Kaolinsand zutage, der in verschiedener Weise ausgebildet ist, weißer Quarzkies wechselt mit feinen Sanden, stellenweise sind seine Titaneisenerzkörner in so großer Menge beigemengt, daß sie dunkle Linien im Sande bilden, auch Achate, Rauchquarze sind gefunden worden. Diese Schichten stellen Reste der Verwitterung der granitischen Gesteine in Skandinavien dar, die während des Pliocäns (jüngste Unterabteilung des Tertiärs) durch damals aus Nordosten kommende Flüsse nach Schleswig-Holstein verfrachtet worden sind. Über dem Kaolinsande lagert der diluviale Geschiebelehm, der im Süden, bei Westerland, nur wenig entwickelt ist, weiter nach Norden hin aber große Mächtigkeit erreicht. Da er wegen größeren Sandgehaltes durchlässiger ist als es bei Geschiebelehm gewöhnlich der Fall zu sein pflegt, hat das durchsickernde Wasser erhebliche Veränderungen hervorrufen können, insbesondere sind auch die eisenhaltigen Bestandteile erheblich zersetzt worden, wodurch sich braunrote Eisenverbindungen gebildet haben, auf welche die besonders

---

*) Die kleineren, bachartigen Rinnen im Watt werden „Priel" genannt; durch die Vereinigung von mehreren von ihnen entstehen stromartige, als „Tief" bezeichnete Wasserläufe. Die Wattrücken, welche die einzelnen Prielsysteme trennen, sind an niedrigen Stellen des Watts bei Hochwasser für Wattschiffe befahrbar, diese Stellen werden mit „Leye" bezeichnet.

Abb. 82. Badestrand in Norderney. Aufnahme der Badeverwaltung, Norderney. (Zu Seite 89)

Abb. 83. Am Strand von Langeoog. Aufnahme Otto Haeckel, Berlin-Friedenau. Deutscher Lichtbild-Nachweis, München (Zu Seite 89)

an frischen Abbruchstellen auffallende Färbung des Roten Kliffs zurückzuführen ist. Bei den an der Wattseite vorhandenen Kliffs, dem „Witte Kliff" (Abb. 45) und „Morsum Kliff" (Abb. 46), fallen unter einer dünnen diluvialen Decke besonders die tertiären Bildungen in die Augen, also der erwähnte weiße Kaolinsand und der noch darunter lagernde Limonitsandstein, der nach seiner Zusammensetzung und den in ihm enthaltenen Organismenspuren als eine Strandbildung angesehen wird. Auffällig sind die in ihm vorhandenen Eisenerzbildungen, die durch Ablagerung von aufgelösten Eisenverbindungen in den Klüften des Sandsteins entstanden sind und nun vielfach höckerartig aus den Gesteinswänden herausragen oder am Fuße von Abbruchstellen zu finden sind, da sie der Verwitterung länger widerstehen als der weiche Sandstein.

Für den betrachteten mittleren Teil von Sylt ist der Kaolinsand dadurch besonders bedeutungsvoll, daß er Grundwasserträger ist. Das durch den sandigen Geschiebelehm hindurchsickernde Wasser wird im Kaolinsande wie von einem Schwamm aufgesogen und bildet über diesem eine über den Meeresspiegel hervorragende Grundwasserkuppe, aus dem durch Brunnen und durch Windmotore getriebene Pumpen Süßwasser bezogen wird.

Die Oberfläche dieses mittleren Teiles von Sylt wird nördlich der Linie Westerland-Munkmarsch von Heide eingenommen, die nur stellenweise für Viehzucht (Rinder und Schafe) ausnutzbar ist. Südlich dieser Linie aber und vor allem im Morsumzipfel, wo der Geschiebelehmboden weniger Sand enthält, haben wir das landwirtschaftlich wertvolle Gebiet von Sylt, in dem Ackerbau und Obstgewinnung eine wichtige Rolle spielen und die landwirtschaftlichen Erzeugnisse für die Bewohner Sylts und die Fremden gewonnen werden.

Etwa die Hälfte der Insel Sylt wird von Dünen bedeckt, auf den Halbinseln Hörnum und List bilden sie das beherrschende Landschaftsbild. Durch die Zerstörung der Kliffe wird immer neues Material geliefert, das in der früher betrachteten Weise vom Wasser verfrachtet und unter bestimmten Umständen vom Winde erfaßt wird. Im nördlichen breiteren Teil von List kommen noch richtige Wanderdünen vor, die eine besonders eigenartige und reizvolle

Abb. 84. Spiekeroog. Blick auf das Dorf und die Dünen. Aufnahme Dr. Trenkler & Co., Leipzig
(Zu Seite 89)

Landschaft bilden. Meist sind die Dünen aber mit Dünengräsern bepflanzt und festgelegt.

Auf der Ostseite der Insel tritt östlich von Kampen und zwischen Keitum und Morsum Neubildung von Land auf, die hier entstehenden Marschwiesen dienen als Viehweide.

An einigen Orten hat man mit nur geringen Erfolgen den Versuch gemacht, Waldbestände anzulegen. Die schon etwa 100 Jahre alten Aufforstungen bei Munkmarsch, Lornsen und Friesenhain, und auch der jüngere Friedrichshain bei Westerland mit Kiefern, Birken, Eichen und Tannen haben sich nur zu ziemlich dürftigen Gehölzen entwickelt, die in ihrem Äußeren den schweren Kampf mit den vorherrschenden westlichen Winden erkennen lassen.

Für die ältere Zeit müssen wir nach Mager eine weit westlichere Erstreckung der Insel Sylt als heute annehmen, ja es spricht eine Reihe von Gründen dafür, daß sich einst westlich des heutigen Sylt weite bewohnte und bewirtschaftete Marschen ausdehnten, die ihre Entstehung dem Vorhandensein einer heute verschwundenen, westlich vorgelagerten Limonitsandsteinbank verdankten. Nach deren Zerstörung durch das Meer waren die bis dahin Sylt vorgelagerten niederen Ländereien den Angriffen der Nordsee schutzlos preisgegeben, die Marschen verschwanden, und die nun aus den Zerstörungsprodukten der diluvialen und tertiären Teile Sylts aufgebauten Dünen wurden durch den Wind landeinwärts auf fruchtbares Land getrieben; auch dadurch wurden weite Ackerflächen der Ausnutzung durch den Menschen entzogen. Ja, es läßt sich der Schluß ziehen, daß die Nährfläche der Landschaft Sylt von der Zeit Waldemars II. (1231) bis zur Mitte des 19. Jahrhunderts auf ein knappes Fünftel zurückgegangen ist. Mager gibt an, daß in dieser Zeit nach einer rohen Schätzung der Abbruch an der West- und Ostseite von Sylt zusammen zwischen $3\frac{1}{2}$ und $4\frac{1}{2}$ km betragen habe und die Gesamtfläche Sylts mindestens $2\frac{1}{2}$ bis 3mal so groß wie heute gewesen sei. Zahlreiche Ortschaften sind dem vorrückenden Meere zum Opfer gefallen, so Wendingstadt auf der Höhe von Wenningstedt, Eytum westlich von Westerland u. a. Das Dorf Rantum (Abb. 43) hat mehrmals ostwärts verlegt werden müssen, weil es immer von neuem durch die Fluten der Nordsee und auch durch die ostwärts wandernden Dünen bedroht wurde. Auf eine früher ausgedehntere Besiedelung läßt auch die große Zahl der aus prähistorischer Zeit erhaltenen Gräber schließen. Heute noch sind die Heideflächen Sylts reich an alten Grabhügeln (z. B. Dendhoog bei Wenningstedt), obgleich viele den Dünen und auch der zunehmenden Bewirtschaftung des Landes zum Opfer gefallen sind.

Dem Vordringen der Dünen nach Osten hat man wenigstens im Gebiete von Westerland schon im 18. Jahrhundert durch Bepflanzen der Dünen Einhalt zu gebieten versucht. Aber die Aufgabe ging über die Kräfte der Bewohner, und der dänische Staat half nicht, er betrachtete sie als Angelegenheit allein der Gemeinde. Mit der Besitzergreifung durch Preußen wurde es besser, es wurde sowohl die Befestigung der Dünen durchgeführt, als auch durch Anlage von Buhnen das Vordringen des Meeres verlangsamt, in Entfernungen von 500 m wurden an der ganzen Küste von Rantum bis List Buhnen gebaut. Durch die von 1883—1919 durchgeführten Arbeiten wurde erreicht, daß an der durch Buhnen geschützten Strecke das Zurückweichen der Küste jährlich im Mittel nur 0,8 m betrug, während die Küste an den ungeschützten Stellen jährlich um 2,9 m zurückwich. Gegen Fluten mittlerer Höhe ist Sylt jetzt als geschützt anzusehen, doch können schwere Sturmfluten noch erheblichen Schaden anrichten, und insgesamt betrachtet, ist dem Meere ein dauerndes Halt noch nicht geboten worden. Das Bad Westerland ist heute außer durch Buhnen noch durch eine Strandmauer aus Beton von etwa $^3/_4$ km Länge geschützt, da aber die Küste nördlich und südlich der Strandmauer langsam zurückweicht, wird im Laufe der Zeit die Gegend bei Westerland immer mehr als Steilküstennase in das Meer hervortreten. Schon jetzt nimmt bei Westerland der Vorstrand schneller an Breite ab als dort, wo keine Strandmauer vorhanden ist; dies ist natürlich eine für Westerland als Seebad unangenehme Begleiterscheinung des bisherigen Küstenschutzes. Mager kommt zu dem pessimistischen Urteil: „Wenn dieser höchst unerwünschten Entwicklung nicht auf irgend eine Weise Halt geboten wird, so dürfte Westerland binnen kurzer Zeit mit dem Strande auch seine Existenzbasis und seine Eigenschaft als Seebad verlieren."

Der Fremdenverkehr auf Sylt (Abb. 47, 48, 50) konzentriert sich vor allem auf die vier Badeorte Westerland, Wenningstedt, Kampen und Hörnum. Bis zu der am 1. Juni 1927 erfolgten Eröffnung der über den Hindenburgdamm nach Sylt führenden Eisenbahn (Abb. 41) führten, von dem an Bedeutung ständig zunehmenden Luftverkehr, der außer Sylt auch Helgoland und Föhr berührt, abgesehen, vor allem zwei Wege dahin: der Seeweg von Hamburg über Cuxhaven und Helgoland nach Hörnum (Abb. 42) und die Wattenmeerlinie von Hoyerschleuse nach Munkmarsch. Durch den 11 km langen Damm von der Ostspitze Sylts bei Nösse bis Klanxbüll auf dem Festlande ist Sylt unmittelbar mit dem Festlande verbunden und durch eine von Klanxbüll nach Westerland führende 26 km lange Eisenbahnstrecke an das festländische Eisenbahnnetz angeschlossen. Der Bau des Dammes wurde 1923 begonnen und 1927 beendet, obgleich zwei außergewöhnlich große Sturmfluten den Bau stark behinderten. Durchschnittlich waren während der ganzen Bauzeit 1000, zeitweise bis zu 1500 Arbeiter beschäftigt; die Breite des 7,4 m über Niedrigwasser hohen Dammes beträgt an der Basis etwa 50 m, an der Krone 11 m. Außer dem eigentlichen Dammbau waren auch auf der Insel selbst umfangreiche Arbeiten erforderlich, indem die flache und bei Hochwasser überflutete Nössespitze deichartig ausgebaut und die bei Sturmfluten gelegentlich überfluteten Niederungen zwischen Morsum und Keitum durch Dammbauten überquert werden mußten; der Morsumrücken wurde in einem Einschnitt durchstoßen. Auf der Festlandseite wurde an der Kreuzungsstelle des Wattenmeerdammes mit dem Festlandsdeich durch Verlegung des Deiches ein 270 ha großer neuer Koog gewonnen. Wahrscheinlich werden zu beiden Seiten

Abb. 85. Brandung an der Westspitze von Wangeroog. Gemälde von Walter Bertelsmann. (Zu Seite 89)

Abb. 86. Wangeroog. Konzert an der Düne. Aufnahme L. Zimmermann, Wangeroog (Zu Seite 89)

des Dammes Anschlickungen erfolgen, die evtl. weitere Landgewinnung, also Verbreiterung der Landverbindung ermöglichen wird, doch bedarf es zur einwandfreien Beurteilung der Lage natürlich längerer Zeiträume.

Die sich südlich von Sylt erhebende und von diesem durch das Vortrapp-Tief getrennte Insel Amrum ist im wesentlichen aus diluvialem Geschiebelehm aufgebaut, der Heide oder mageres Ackerland trägt; nach Osten fällt er zwischen Nebel und Steenodde mit einem 12 m hohen Kliff nach dem Wattenmeere ab, an anderen Stellen sind Marschwiesen vorgelagert. Wie Sylt hat Amrum eine großartige, hier bis 30 m ansteigende Dünenlandschaft (Abb. 23). Vor dem südlichen Dünengebiete dehnt sich längs der Westseite der Insel der 1½ km breite Kniepsand, auf dem Anfänge einer Dünenbildung zu beobachten sind; seine nördliche Hälfte ist durch die lange flache Lagune des Kniephafens, in der bei Niedrigwasser noch etwa ½ m Wasser steht, von dem Westrande der Dünen getrennt. Wie Sylt hat sich auch Amrum einst weiter nach Westen erstreckt, und zu Anfang des 19. Jahrhunderts soll sich noch an Stelle von Kniepsand fruchtbarer Marschboden befunden haben. In ähnlicher Weise wie es im Norden der Insel Sylt bei der Halbinsel Ellenbogen stattfindet, wächst auch die mit Dünen bedeckte Landspitze im Norden von Amrum.

Auch hier hat sich, wenn auch in geringerem Grade als auf Sylt, die Beschäftigung der Bewohner unter dem Einfluß des Badebetriebes von den ursprünglichen mit der Schiffahrt und Fischerei zusammenhängenden Berufen etwas abgewandt. Die Hauptorte, zugleich die Badeorte, sind Wittdün, Nebel, und Norddorf.

Die Insel Föhr (Abb. 51—57) weist in ihrem südlichen Teile ebenfalls einen hier bis 13 m Höhe ansteigenden Geestrücken auf, der aber keine Dünen trägt. Etwa in der Mitte der Südküste der Insel tritt im Goting-Kliff eine Kliffküste von 9 m Höhe auf und ebenso an der Westseite bei Uterum. Mit 82 qkm Fläche ist Föhr fast ebenso groß wie Sylt. Der ganze nördliche Teil der Insel hat fruchtbaren, durch Deiche geschützten Marschboden und bietet mit seinen Getreidefeldern und Viehweiden ein den Marschlandschaften des Festlandes ähnliches Bild. Nieblum, Borgsum, Utersum, Klintum, Midlum, Ovenum und Boldixum sind einige der Dörfer auf Föhr. Der größte von Kurgästen in den letzten Jahrzehnten viel besuchte Ort ist die Stadt Wyk. An der Südküste westlich von Wyk hat sich der Badeort Südstrand entwickelt. Die Lage von Föhr im Schutze von Amrum wirkt sich in einer größeren Milde des Klimas aus, was bei der Beurteilung der gesundheitlichen Wirkung des Badeaufenthaltes eine erhebliche Rolle spielt und dazu geführt hat, daß die Badeorte auf Föhr auch im Winter in steigendem Maße besucht werden.

In dem Gebiet südlich von Föhr und Amrum bis zur Halbinsel Eiderstedt ist die Inselwelt durch die zerstörenden Fluten am meisten innerhalb der ganzen Nordsee zerrissen (Abb. 68, 69). Eine Gruppe von Halligen befindet sich zwischen der Norder- und Süder-Aue, zwei andere sind um die durch die Norder-Hever getrennten Inseln Pellworm und Nordstrand verteilt.

Die drei nicht eingedeichten Halligen Nordmarsch, Langeneß und Butwehl sind um die Jahrhundertwende untereinander und auch mit Oland (Abb. 58 u. 59) sowie weiterhin mit dem Festlande durch Dämme verbunden worden. Doch ist manches von diesen Bauten während der Kriegs- und Nachkriegszeit aus Mangel an Mitteln wieder zerfallen. Zwischen dem Festlande und Oland ist 1927 ein neuer, stärkerer Damm vollendet worden, der in Dagebüll an das Festland stößt. Der Bau eines neuen, kräftigen Dammes zwischen Oland und Langeneß wird 1928 begonnen werden (Abb. 60 u. 61). — Die größte der auf der Hallig Nordmarsch befindlichen Warften ist die Warft Hilligenlei, auf der sich auch das Schulhaus befindet (Abb. 62), weiter sind zu nennen die Neu-Peterswarf, Süderhörn, Treuberg, Mayenswarf, Kirchhofwarf; von Langeneß seien erwähnt die Ketelswarf, Kirchwarf, Bendixwarf und Peterswarf. Nordmarsch und Langeneß wurden bereits 1847 durch einen Damm verbunden, Langeneß und Butwehl 1868/69. In den Jahren 1901—1904 wurden umfangreiche Arbeiten zum Schutze der ständig im Abbruch liegenden Halligen durchgeführt und zwar Steindecken an den gefährdetsten Stellen, besonders im Westen von Nordmarsch gebaut; an den Nord- und Südufern wurden Buhnen angelegt, um die Strömung von den Inseln fernzuhalten und die Neuanschlickung zu begünstigen. Auf den Inseln selbst wurden an den Stellen, wo Gefahr einer Durchbrechung durch das Meer bestand, Dämme errichtet. Ungefähr zur gleichen Zeit wurden auch auf Oland Schutzarbeiten durchgeführt. Doch erfordern diese Bauten ständige Beaufsichtigung, um dauernden Schutz zu gewähren.

Die südlich gelegenen Halligen Gröde und Appelland sind erst im Laufe des 19. Jahrhunderts zu einer etwa 2½ qkm großen Insel zusammengewachsen, zu deren Schutz um die Jahrhundertwende ebenfalls umfangreiche Bauten durchgeführt wurden, wie auch bei der landnäher gelegenen, nur ⅓ qkm großen Hallig Habel, die 1905 durch Kauf in staatlichen Besitz gelangte. — Die nach den früheren Besitzern, den Hamburgern Gebrüder Amsinck, Hamburger Hallig benannte küstennahe Insel wurde bereits 1860 durch einen Damm mit dem Festlande verbunden, der allerdings z. T. wieder zerstört wurde, aber den Nutzen derartiger Dämme für die Anschlickung erwies; er wurde darauf wiederhergestellt und 1880—1888 verstärkt. Als weitere Halligen sind zu nennen: die 5—6 qkm umfassende, mit einem Sommerdeich umgebene Hallig Hooge mit neun bewohnten Warften (auf einer das Königshaus*); (Abb. 20 u. 63), Nordstrandischmoor, Norderoog (Vogelfreistätte), Süderoog, Südfall; die drei letzteren sind ungeschützt. Die frühere Hallig Pohnshallig ist jetzt mit Nordstrand vereinigt und außerdem durch einen 1921—23 erneuerten Damm mit dem Festlande verbunden. Die beiden

---

*) Mit dem Königspesel, in dem einst der dänische König Friedrich VI. vorübergehend gewohnt hat. „Pesel" wird das beste Zimmer, die Prunkstube, genannt.

Abb 87. Der Leuchtturm auf Helgoland bei Nacht. Höhe des Turmes 36,2 m über dem Erdboden; Höhe des Feuers über dem Hochwasserspiegel 82 m; die Sichtbarkeit des Feuers beträgt 23 Seemeilen. Dauer des Blitzes 0,3 sec, der Pause 4,7 sec, Wiederkehr des Blitzes jedesmal nach 5,0 sec. Aufnahme F. Schensky, Helgoland (Zu Seite 90)

eingedeichten Marschinseln Pellworm (Abb. 64 u. 65) und Nordstrand ernähren durch reichen Ackerbau und Viehzucht eine zahlreiche Bevölkerung (zusammen etwa 4000 E.). — Vor den großen Sturmfluten des 14. Jahrhunderts dehnte sich in diesem südlichen Inselgebiet die große Insel Alt=Nordstrand, welche die heutigen Inseln Südfall, Nordstrand, Pellworm usw. sowie die zwischen ihnen liegenden Watten und Priele umfaßte. An ihrem Südrande in der Gegend der Hallig Südfall befand sich der Ort Rungholt, von dem wir vermuten können, daß er in der ersten Hälfte des 14. Jahrhunderts etwa 1000 Einwohner zählte, die, wie es heute auf den Halligen der Fall ist, auf Wurten in dichtgedrängt stehenden, niedrigen Häusern wohnten. Der großen Sturmflut am 16. Januar 1362 fiel der südlichste Teil von Nordstrand zum Opfer und damit auch der Flecken

Rungholt; nur vier Menschen sind damals dem Tode entronnen. Die Insel gewann damals die auf der Nebenkarte zur Karte der Deutschen Bucht am Schlusse des Buches dargestellte Gestalt. Die Sage und Dichtung hat dieses Ereignis der Nachwelt erhalten; z. B. Detlev von Liliencron, der als Hardesvogt auf Pellworm die Verhältnisse auf den Halligen näher kennen lernte, in seiner Dichtung „Trutz blanke Hans" und Johannes Dose in seinem Roman „Rungholts Ende". Während der Jahrzehnte nach der großen „Mannbrenkelse" von 1362 begann sich das Gebiet von Rungholt durch Neuablagerung von Schlick und Sand wieder aufzuhöhen, so daß die Nordstrander um 1630 erwogen, das neue Land wieder einzudeichen. Durch die noch weit verheerendere Oktoberflut von 1634 wurden weitere große Teile von Nordstrand von den Fluten verschlungen und die Insel in die einzelnen Teile Nordstrand, Pellworm und Nordstrandischmoor zerlegt. Der zwischen diesen hindurchführende neu gebildete tiefe Priel, die Norder-Hever, vereinigte sich nahe Südfall, wie dieser frühere Platz Rungholts nun hieß, mit dem Hever-Strom. In den seit der Oktoberflut verflossenen fast drei Jahrhunderten ist nun die seit 1362 über den Resten von Rungholt abgelagerte Schlick- und Sanddecke langsam wieder abgetragen worden. Der aufmerksamen Beobachtung eines Landmannes von Nordstrand, A. Busch, haben wir es zu verdanken, daß die bei der Hallig Südfall zutage tretenden Spuren früherer Kultur überhaupt bemerkt worden sind (Abb. 66). Er fand Waffen und Geräte der Bewohner Rungholts, weiter Reste der alten Schleusen, der unteren Teile der im übrigen damals zerstörten Deiche, der Wurten und Brunnen sowie Hausfundamente und Gräber. Auch Ackerfurchen und Torfstiche, ja selbst vom Pfluge umgestürzte Erdschollen sind stellenweise erkennbar; die durch schnurgerade Wasserfurchen (Grüppeln) abgeteilten Äcker liegen vielfach in ihrer früheren gewölbten Form (Abb. 67). In anderen Teilen ist der Mutterboden von den Äckern abgespült, und der Boden der Grüppel hebt sich durch dunklere Färbung hervor, diese ist dadurch veranlaßt, daß die Wasserfurchen vor dem Eindringen des Meeres sich mit vertorfender organischer Substanz füllten, die nun als torfartige Masse den Fluten gegenüber widerstandsfähiger ist als der Ackerboden. Doch all diese Reste des alten Rungholt sind nur vorübergehende Dokumente, die Brandung und der Eisgang arbeiten ständig weiter und zerstören langsam und sicher diese letzten Spuren hier früher vorhandenen reichen Lebens; an anderen Plätzen werden sie durch Sand und Schlick von neuem verdeckt, oder es werden durch weitere Zerstörung der Hallig Südfall neue Reste des Rungholter Gebietes freigelegt; das Bild ändert sich von Jahr zu Jahr, und die beigegebenen Aufnahmen sind nur Augenblicksbilder.

Von den Neubildungen bzw. Resten früherer Inseln zwischen Eiderstedt und der Elbmündung sei noch der Helmsand südöstlich von Büsum genannt, der nur im Sommer von einem Schäfer bewohnt ist, weiter die Insel Trieschen*) auf dem Buschsand; die Anfänge einer Marschbildung auf dem Sande wurden 1854 zuerst festgestellt, seitdem hat die Insel an Fläche zugenommen; nach dem Kriege wurde sie von der Stadt Altona erworben, um sie für ein Kindererholungsheim auszunutzen.

VI. Das Küsten- und Inselgebiet westlich der Elbe

Die Insel Trieschen liegt schon im Mündungsbereich der Elbe, die in ihrem Unterlauf bis oberhalb von Hamburg an beiden Ufern von fruchtbaren Marschen wechselnder Breite eingefaßt wird. Unterhalb Hamburgs, bei Nienstedten und Blankenese bis Schulau, tritt die Elbe dicht an den steilen Geestrand heran,

---

*) Der Beschreibung der Insel „Flackelholm" im Roman „Die drei Getreuen" von Gustav Frenssen liegen die Zustände auf Trieschen zugrunde.

dann aber flieht die Geest mehr und mehr zurück, Raum lassend für die Haseldorfer, Kremper und Wilster Marsch; links der Elbe liegen die Marschen: das Alte Land, Land Kehdingen und das Land Hadeln. Alle haben dichte Besiedelung, sind durch kräftige Deiche gegen die Elbe geschützt (z. T. liegen sie unter dem Meeresspiegel) und weisen vielfach in der Nähe der Geest mooriges Gelände auf. Diese Gebiete und ihre Bewohner haben in Richard Linde*) einen beredten Künder ihrer Schönheit und Eigenart gefunden. Westlich von Cuxhaven, dessen Bedeutung als Fischereihafen in schnellem Wachsen begriffen ist, reicht die Geest bei dem Badeort Duhnen bis an das Meer.

Das sich zwischen Elbe und Weser weit ins Meer fortsetzende Watt trägt die Inseln Neuwerk und Scharhörn. Die erstere ist eingedeicht, und die allerdings sandige Marsch wird von einer Reihe von Bauernhöfen aus bewirtschaftet; der bereits um 1300 errichtete Leuchtturm ist wohl der älteste an der Nordseeküste (Abb. 73). Der ausgedehnte, häufig völlig überflutete Sand von Scharhörn trägt eine Rettungsbake mit Unterkunftsraum und Proviant für Schiffbrüchige.

Auch die Weser hat zu beiden Seiten ihres Unterlaufes einen Gürtel fruchtbarer Marschen. Rechts der Unterweser liegen das Land Wursten, Osterstade, Wührden, Vieland, an ihrem linken Ufer Stedingen, Stadland und Butjadingen; zahlreiche Ortschaften sind über dies Gebiet verteilt, einige haben als Fischerei- und Handelsplätze schon früh eine Bedeutung errungen, wie Elsfleth, Brake, Nordenham; sie alle sind heute überflügelt durch die Städte Bremerhaven und Wesermünde, die als Seehafen Bremens bzw. als größter deutscher Fischereiplatz heute eine weit mehr als lokale Bedeutung haben**).

Das Land Butjadingen, dem im Norden das breite Watt „Der Hohe Weg" vorgelagert ist, grenzt im Westen bereits an die Jade, die sich südlich von Wilhelmshaven zu dem flachen Jadebusen verbreitert; westlich davon befinden sich die oldenburgischen Marschen Rüstringen und das Jeverland. Der Hauptort im Jadegebiet ist das 1853 gegründete preußische Wilhelmshaven, das durch den 1869 eröffneten Kriegshafen einen schnellen Aufschwung genommen hat, zusammen mit der oldenburgischen Stadt Rüstringen. Vorher aber hatte das auf dem Rande der Geest gelegene Varel die größte Bedeutung. In dem Jadebusen liegen einige kleine ungeschützte und im Abbruch befindliche Inseln: die beiden Geestinseln Groß- und Klein-Arngast in der Nähe von Dangast, wo die Geest wie in Duhnen bis an das Meer heranreicht, und die südlich von Eckwarden gelegenen Marschinseln, die Oberahnschen Felder, die von Jahr zu Jahr an Größe abnehmen. Die Umrahmung des Jadebusens ist, wie auch die Marschen an der Ems, das Norder Land, Brockmer Land, Krumme Hörn, Emsiger Land, Reider Land, der Schauplatz jahrhundertelanger, erbitterter Kämpfe zwischen Meer und Mensch gewesen; die zahlreichen, nun mitten im Lande liegenden Schlafdeiche legen Zeugnis ab von dem langsamen Vorrücken des Menschen gegen das Meer, nachdem ihm aber vorher weite Gebiete unter großen Menschenverlusten vom Meere entrissen worden waren (Abb. 76). Wie in den übrigen Marschen gilt es, das für unsere Volkswirtschaft so überaus wichtige Land zu erhalten. „Was durch Jahrhunderte mit Einsetzung der Kraft eines ganzen Stammes erkämpft, wiedergewonnen und behauptet wurde, das steht heute im Schutze der modernen Technik, mit Quadern und Beton. Und doch kann auch heute noch der blanke Hans in einem Anlauf sein altes Recht wieder geltend machen. Der Deichstrich bleibt Vorpostengelände, die Anwohner stehen immer in Alarmbereitschaft. Das gibt ihnen einen heroischen Zug" (Peter Zylmann). — Die große Verbreitung der Wurten, auf denen Einzelhäuser oder ganze Dörfer angelegt werden,

---

*) Linde, R., Die Niederelbe. Monographien zur Erdkunde, Bd. 28. Bielefeld-Leipzig, Velhagen & Klasing.

**) Dieses Gebiet ist ausführlich behandelt in: Steilen, D., Die Niederweser. Monographien zur Erdkunde, Bd. 37. Bielefeld-Leipzig, Velhagen & Klasing.

Abb. 88. Helgoland. Blick auf Mönch und Hafengelände. Im Vordergrunde ein Teil der Schutzmauer, im Hintergrunde sind im Wasser Reste von zerstörten Dämmen und Mauern des Hafens erkennbar.
Aufnahme C. Lohmann, Blankenese (Zu Seite 90 u. 100)

Abb. 89. Helgoland. Steilabfall der Westseite mit der Schutzmauer, hinten links die „Lange Anna"
Aufnahme C. Lohmann, Blankenese (Zu Seite 90)

läßt erkennen, daß zu den Deichen nicht unbedingtes Vertrauen war. Zahlreiche Dorfnamen, wie Waddewarden, Sengwarden, Fedderwarden lassen einen Schluß auf die Anlage zu, ebenso wie die Namen Hooksiel, Horumersiel, Carolinensiel, Harlingersiel auf die Lage der von Fischern und Schiffern bewohnten Orte am Deiche deuten, nämlich an den Abflußstellen der Binnengewässer nach dem Meere.

An einigen Orten der Festlandküste beginnt sich ein Badeleben zu entwickeln, zu nennen sind in diesem Zusammenhange Wilhelmshaven und das gegenüber auf der anderen Seite der Jade liegende Eckwarden, weiter Dangast am Jadebusen, Tossens, Hooksiel an der Jade, Greetsiel an der Ley-Bucht, südwestlich von Norden.

Vor dieser hartumkämpften Küste ist nun die Reihe der schmalen, lang= gestreckten, meist von Dünen bedeckten ostfriesischen Inseln gelegen, nämlich Borkum, Juist, Norderney, Baltrum, Langeoog, Spiekeroog, Wangeroog. Jenseits dieser Inseln beginnt die eigentliche See, zwischen ihnen und dem Festlande liegt die amphibische Zone des Watt; es ist durch tiefe, zwischen den Inseln ins Meer führende Priele*) reich gegliedert (Abb. 75), die entsprechend ihrer Bedeutung für den lokalen Verkehr besondere Namen tragen; zwischen Wangeroog und Spiekeroog haben wir die Harle, zwischen Spiekeroog und Langeoog die Otzumer Balje, zwischen Langeoog und Baltrum die Ackumer Ehe, zwischen Baltrum und Norderney die Wichter Ehe, zu beiden Seiten von Borkum die Oster= und Wester= Ems. Ebenso tragen auch die einzelnen Teile des Watt besondere Namen: das Randzel liegt hinter Borkum, weiterhin seien Itzendorf Plate, Stein Plate, Nute Plate, Swinn Plate genannt.

Die benachbarten Meeresgebiete werden nach den wichtigsten Inseln Wangeroog Grund, Norderney Grund, Borkum Riff Grund bezeichnet, das Gebiet westlich von Helgoland heißt Helgoland Grund, zwischen Helgoland und dem östlich und südöstlich gelegenen Watt Helgoländer Bucht.

Alle ostfriesischen Inseln zeigen in den Grundzügen ihres Baus und ihrer Gestalt große Ähnlichkeiten. Fast alle haben sie im Westen ein hohes Kliff (Abb. 85) und müssen dort durch Strandmauern und Buhnen gegen das Meer geschützt werden, nach Osten zu aber findet Anlagerung und Hakenbildung statt, dies führt zu einer langsamen Verlagerung der Inseln, also Wanderung nach Osten! — Betrachten wir die wichtigsten dieser Inseln etwas näher.

Borkum, die größte der ostfriesischen Inseln (25 qkm Fläche), läßt sich der Gestalt nach mit einem unregelmäßig geformten Hufeisen vergleichen, dessen Innenseite dem südöstlich gelegenen Watt zugekehrt ist. Durch die Niederung Tüsken=Döör zerfällt die Insel in das kleinere, Wind und Wellen weniger aus= gesetzte Ostland und das größere Westland, das den Ort Borkum trägt und wo sich auch der Badestrand befindet (Abb. 77 u. 81). Bis 1863 waren beide Insel= teile zeitweise voneinander getrennt, nun sind sie durch einen Damm verbunden, außerdem ist nördlich von diesem die Dünenbildung zur Verstärkung des Dammes künstlich gefördert worden. Beide Kerne der Inseln sind mit hohen Dünen be= deckt, und sie werden an allen Seiten von weiten, kaum über Hochwasserhöhe sich erhebenden Strandflächen umgeben, nur an der Westseite fehlt eine solche, dort ist sie den herandrängenden Fluten zum Opfer gefallen. Da der Westteil von Borkum den westlichen Winden und der See stärker ausgesetzt ist als der Ostteil, wanderte er früher, als noch keine Schutzbauten bestanden, schneller nach Osten, und die nach Osten reichenden Strandflächen umklammerten gewissermaßen das Ostland. Im Innern des Inselbogens findet man Anschlickung und Neubildung von Marschboden, der z. T. eingedeicht ist und einen ergiebigen Ackerbau und Viehzucht ermöglicht.

---

*) Die Bezeichnungen sind hier z. T. anders als bei den nordfriesischen Inseln, das nordfriesische „Tief" wird „Balje" genannt. Die Mündung der Balje ins Meer wird als „Seegatt" bezeichnet; das nordfriesische „Leye" heißt „Legde".

Abb. 90. Abendstimmung an der Küste von Wangeroog. Aufnahme C. Lohmann, Hamburg-Blankenese. (Zu Seite 89)

Als Erwerb kam in früherer Zeit vor allem der Fischfang in Betracht, und als der Walfang in grönländischem Gebiet für die Borkumer große Erträge abwarf, kehrte sogar Wohlstand ein, der aber mit dem Niedergang des Walfanges gegen Ende des 18. Jahrhunderts schnell wieder verschwand. Um die Mitte des vorigen Jahrhunderts begann Borkum als Badeort eine Rolle zu spielen, heute ist es ein großes modernes Bad geworden.

Dem Westende der sich östlich anschließenden Insel Juist ist der unbewohnte Memmert Sand vorgelagert, der sich erst im Laufe der 80er Jahre des vorigen Jahrhunderts über Hochwasser gehoben hat; die ungeschützte, mit 7 m Höhe erreichenden Dünen bedeckte Insel ist das größte und schönste Vogelschutzgebiet an der Nordsee. Südlich der Memmert Balje ist die dem Memmert in Bau und Aussehen ähnliche Insel „Lütje Hörn" in Entwicklung begriffen.

Die Insel Juist (Abb. 78) mit einem heute beliebten Familienbad zerfiel infolge der Wirkung großer Sturmfluten im 17. Jahrhundert vorübergehend in zwei Teile, die nun aber durch ausgeführte Schutzbauten wieder eine Einheit geworden sind; sie ist mit einer Länge von 17 km die längste der ostfriesischen Inseln und zugleich die schmalste mit nur $^1\!/_2$ km mittlerer Breite. Der im Süden von Juist befindliche Priel, Juister Balje, ist durch breites Watt von der Insel getrennt, so daß die Landungsbrücke über einen Kilometer von der Insel entfernt im Watt liegt; der Verkehr von der Dampferanlegestelle nach der Insel wird durch eine über einen Damm führende Kleinbahn vermittelt.

Die nach Osten folgende Insel Norderney (Abb. 79, 80, 82) ist wie Borkum auf ihrer Westseite durch Steinmauer und Buhnen geschützt. Die Dünen nehmen den westlichen und mittleren Teil ein, der große Ostteil der Insel ist Sandstrand; auf der Wattseite sind kleinere, z. T. eingedeichte Marschflächen entstanden. Wie auf Borkum befinden sich Siedelung und Badeort an der Westseite. Norderney ist im Laufe der Zeit der besuchteste und vornehmste Badeplatz an der ganzen deutschen Nordseeküste geworden; seine ersten Anfänge als Badeort gehen schon bis in den Beginn des 19. Jahrhunderts zurück. Vielfach wird der Weg von Norderney nach dem Festlande über das Watt zu Fuß oder zu Wagen zurückgelegt. Seitens der Gemeinde Norderney wird nach einem Damm über das Watt nach dem Festlande angestrebt, um die Möglichkeit zu schaffen, die Insel mit der Eisenbahn zu erreichen, wodurch der Besuch des Bades zweifellos noch weiter gehoben werden könnte. Ebenso wie Borkum und Wangeroog ist Norderney auch auf dem Luftwege zu erreichen.

Die kleine Insel Baltrum mit weniger als 7 qkm Fläche ist in ihrem Bau Borkum und Norderney ganz ähnlich, auch hier beginnt das Badeleben größere Bedeutung zu gewinnen. Die ebenso gestalteten Inseln Langeoog, Spiekeroog und Wangeroog (Abb. 83—86 u. 90) haben sämtlich eine schwere Zeit des Kampfes mit dem Meere hinter sich und erleben jetzt wie die übrigen ostfriesischen Inseln eine neue Blütezeit durch die Entwickelung des Badebetriebes. Von Langeoog verdient die große Vogelkolonie in dem mittleren Teil der Insel (Melkhörn) besondere Erwähnung; die im östlichen Teil von Langeoog befindliche Meierei mit großem Viehbestand gehört dem Kloster Loccum, das jetzt noch einigen Einfluß auf die Verwaltung des Badebetriebes besitzt, der durch die Verdienste des Klosters um die erste Entwicklung des Bades begründet ist. — Im Gegensatz zu Langeoog ist auf Spiekeroog nur der westliche Teil bewohnt, die östliche Hälfte ist nur von Dünen und einer langgestreckten Sandplatte eingenommen. — Für Wangeroog bedeutete die Sturmflut der Silvesternacht 1854/55 eine vernichtende Katastrophe. Die wie auf den übrigen ostfriesischen Inseln auf der Westseite gebaute Ansiedlung fiel ihr fast völlig zum Opfer, und der Dünenzug wurde an zwei Stellen bis zum Watt durchbrochen! Die Einwohner siedelten fast vollzählig nach dem Festlande über (Neu-Wangeroge b. Varel). Durch die 1874 begonnenen Befestigungsarbeiten wurden die einzelnen Reste der Insel wieder zu einem Ganzen verbunden, und langsam entstand im östlichen Teil ein neuer Ort, der in den letzten Jahrzehnten schnellen Aufschwung genommen hat.

Wenn auch an der Ostseite der Inseln eine Verlängerung der Sandflächen noch immer eintritt, so ist doch dem Abbruch an der Westseite durch die mit hohen Kosten durchgeführten Schutzbauten ein Halt geboten, so daß heute die Ostwanderung der Inseln mindestens als stark verlangsamt, für den Fall, daß weiterhin genügend Mittel aufgewandt werden, wohl als beendet anzusehen ist.

VII. Helgoland

Der sich Helgoland von der Weser= oder Elbemündung nähernde Dampfer fährt meist auf einer durch Seezeichen gekennzeichneten Fahrstraße an der Untiefe „Hog Steen" vorbei in den sog. Südhafen und geht dort vor Anker. „Südhafen" heißt der 5—7 m tiefe Meeresarm zwischen der Hauptinsel und der Düne, der an der engsten Stelle etwa $1^{1}/_{2}$ km breit und dort weniger als 5 m tief ist. Nur bei starken südwestlichen Winden fahren die Schiffe in den dann besser geschützten, zwischen den nordwestlichen unterseeischen Fortsetzungen der Düne und Helgoland gelegenen sog. Nordhafen. Vom Südhafen aus erblickt man im Süd= westen die Reste der auf Grund des Versailler Vertrages zerstörten Hafenanlagen (Abb. 26, 88), im Westen sieht man auf die steile rote Felsenmauer der Hauptinsel mit den oben am „Falm" gelegenen Häusern (Abb. 2, 3, 4, 6 u. 94) und dem Leucht= turm (Abb. 87); darunter dehnt sich das dicht mit Häusern bestandene Unterland, unter denen sich das Kurhaus und rechts davon die aus rotem Backstein erbaute Staatliche Biologische Anstalt sogleich hervorheben. Ganz im Gegensatz zu der steilen Felseninsel im Westen steht die etwa $1^{1}/_{2}$ km lange Düne im Osten, bei der die in langer Reihe angeordneten Badekabinen sogleich auf die heutige Ausnutzung deuten, dort ist der Helgoländer Badestrand.

Diese von Cuxhaven 67 km entfernte einsame Felseninsel nimmt insgesamt eine Fläche von nur $^{1}/_{2}$ qkm ein; zum Vergleiche bedenke man, daß die Außenalster in Hamburg eine Flächenausdehnung von $1^{3}/_{4}$ qkm und die Binnenalster von $^{1}/_{5}$ qkm besitzt! Die größte Länge beträgt rund $1^{1}/_{2}$ km und die größte Breite rund 600 m. Der höchste Punkt liegt 58 m hoch und an der vom Unter= nach dem Oberland führenden Treppe hat der Steilabhang des Felsens eine Höhe von 28 m.

Rings herum fällt die Insel steil ab, und bei Niedrigwasser erkennen wir, daß sie von einer seichten Felsterrasse umgeben ist, die auch dem unbe= fangenen Beobachter den Gedanken einflößt, daß einst die Insel weit größeren Umfang hatte und daß das heutige Helgoland nur der Rest einer einst viel größeren Insel ist. Diese „Brandungsplatte" oder Abrasionsterrasse hat nach Süd= und Nordwesten bis zur Linie 2 m unter Niedrigwasser eine Breite von $^{1}/_{2}$ km, etwas breiter ist sie nach Nordosten, erst dann erfolgt etwas steiler Ab= fall zu 10 bis 20 m Tiefe. Eine Wanderung um die Insel, die bei Niedrig= wasser, besonders natürlich zur Springzeit, durchaus möglich ist, gehört mit zu den interessantesten Erlebnissen, die sich an der Nordsee bieten. Aber auch eine Wande= rung entlang der oberen Kante um die Insel führt in die wichtigsten Erscheinungen der Insel ein. Man erkennt, daß in dem unteren Teil des Felsabhanges die Brandung eine stellenweis tief einschneidende Brandungskehle geschaffen hat, darüber steigt z. T. überhängend der Fels steil empor, und Steinschlag ist nicht selten. Der rote Sandstein, aus dem sich die Insel aufbaut, stammt aus der Triaszeit (mittlerer und oberer Buntsandstein); die Schichten sind nach Nordosten in einem Winkel von 17 bis 20° geneigt. Das verhältnismäßig wenig widerstands= fähige Gestein ist der Zerstörung durch das Meer und die atmosphärischen Einflüsse stark ausgesetzt. Der Wirkung der Brandung sucht man durch ausgedehnte Ufer= schutzbauten (Abb. 5, 88 u. 89) Einhalt zu bieten; die ersten Schutzmauern wurden 1903/04 an der Nordwestkante errichtet, und die wesentlichsten, durch die Bran=

Abb. 91. Helgoland. Lange Anna. Aufnahme C. Lohmann, Blankenese (Zu Seite 90)

Abb. 92. Helgoland. Felsen an der Ostseite. Aufnahme C. Lohmann-Blankenese (Zu Seite 94)

Abb. 23. Helgoland. Lummenfelsen. Aufnahme A. Hamel, Helgoland (Zu Seite 96)

dung geschaffenen Nischen und Höhlungen wurden in ihren unteren Teilen in den Jahren 1904—11 mit Mauerwerk und Beton verschlossen. Das Auftreten einzelner Felsvorsprünge und Nischen ist eine vor allem auf der Südwestseite auftretende Eigentümlichkeit, die auf die Zerrüttung des Gesteins in den Zonen der Nischen durch gebirgsbildende Vorgänge und auch auf Verwerfungen zurückzuführen ist; dort sind also Schwächezonen entstanden, in denen dem Meere das Vordringen erleichtert ist. Um die zerstörende Wirkung der Brandung ganz aufzuheben, besteht der Plan, die ganze Insel mit einer Schutzmauer zu umgeben, wodurch den Wellen der Zutritt zum Fels versperrt werden würde. Mit der Ausführung wurde 1912 an der Südwestseite begonnen; eine etwa 1 km lange Mauer ist bis jetzt fertiggestellt, sie ist aus Betonblöcken errichtet, hat an der Sohle eine Breite von $5^{1}/_{2}$ m und oben von $1^{1}/_{2}$ m, ihre Höhe beträgt ungefähr 6 m über Normalnull (Abb. 88 u. 89). — Außer in der Brandung besitzt die Insel noch einen weiteren gefährlichen Feind in den Temperaturschwankungen und in der zerstörenden Tätigkeit des Wassers; dieses sickert in den Boden ein und lockert das Gestein, indem es die löslichen Stoffe mit sich fortführt. Besonders gefährlich aber ist der Frost. Das in die feinen Spalten des Gesteins eingedrungene Wasser dehnt sich beim Gefrieren aus und preßt damit die Spaltenwandungen weiter auseinander; schließlich zerfällt der Fels. Jeder, der in etwas größeren Zeitabständen die Insel besucht, bemerkt bei aufmerksamer Betrachtung immer neue Stellen, an denen Fels losgebrochen ist, und der am oberen Rande um die Insel führende Weg muß immer und immer wieder auf seine Sicherheit hin geprüft und stellenweise zurückverlegt werden. Auch gegen die gefährliche Wirkung des Frostes darf man Abhilfe durch eine Schutzmauer rings um die Insel erwarten, denn durch die Mauer werden die herabfallenden Gesteinsblöcke vor der Fortschwemmung durch das Wasser geschützt, sie bleiben liegen und es wird sich im Laufe der Zeit ein schräger, mit Vegetation bedeckter Abhang herausbilden, der den anstehenden Fels vor weiterer Zerstörung schützt. Der an der Ostseite der Insel (Abb. 92) befindliche obere Buntsandstein ist der Zerstörung durch die sog. „Atmosphärilien" in noch stärkerem Maße ausgesetzt, da er toniger, also leichter zerstörbar ist als der in den unteren Partien der Westseite anstehende untere Buntsandstein. Der Unterschied in der Widerstandsfähigkeit ist so groß, daß er sogar in der Wasserfarbe erkennbar wird, indem das Wasser der Ostseite in Nähe der Insel durch die Beimischung von Resten des zerstörten Gesteins weit stärker braunrot gefärbt ist.

Wie schon erwähnt, ist die Hauptinsel aus nach Nordosten einfallendem roten Sandstein aus der Zeit des mittleren und oberen Buntsandsteins aufgebaut, auch in der südwestlichen Abrasionsterrasse tritt mittlerer Buntsandstein zutage, und es ist anzunehmen, daß Gesteine aus den nächst älteren Perioden der Erdgeschichte, dem unteren Buntsandstein und dem Zechstein, am Westrande in nicht allzu großer Tiefe zu erbohren sind. Möglicherweise tritt im Zechstein auch Salz auf wie an verschiedenen anderen Orten Norddeutschlands. Nach Nordosten folgen auf den oberen Buntsandstein die Gesteine des Muschelkalks und darüber der Kreideperiode. Wenn man von der Ostseite Helgolands bei niedrigem Niedrigwasser nach Nordosten blickt, so tauchen jenseits des Nordhafens in der nordwestlichen Verlängerung der Düne Klippen auf, die aus schiefrigen tonigen grauen Kalken aus dem unteren Muschelkalke bestehen; diese Gegend wird im Nordwesten „Witt Kliff Brunnen" und in größerer Nähe der Düne „Olde Hoven Brunnen" genannt, wobei von den Helgoländern mit „Brunnen" (bru) Klippen und Riffe bezeichnet werden. An der Nordostseite der genannten Riffe schließen sich Gesteine des mittleren Muschelkalkes an, unter denen der Gips früher eine wirtschaftlich bedeutende Rolle gespielt hat. Bis ins 18. Jahrhundert hinein bildete der Gips eine hoch aus dem Wasser herausragende weiße Klippe (Witte Kliff), die aber zur Gewinnung des Gipses allmählich abgebaut wurde, die letzten Reste fielen einer Sturmflut am 1. November 1711 zum Opfer.

Abb. 94. Helgoland. Biologische Anstalt und Falm. Aufnahme F. Schensky, Helgoland. (Zu Seite 90 u. 102)

Die leicht zerstörbaren Gesteine des mittleren und oberen Muschelkalks bilden den Boden des Seit Gats. Die nordöstlich von diesem sich noch weit nach Nordwesten erstreckenden Klippen werden von Kalken der Kreideperiode gebildet, hierzu gehören von Nordwest nach Südost die Klippen: „Hohe Brunnen", „Peck Brunnen", „Selle Brunnen", „Robben Brunnen", „Krid Brunnen" und endlich „Kalbertan" im Norden der Düne. Die in den Klippen teils zutage tretenden, teils mit Sand bedeckten anstehenden Gesteine setzen sich unterhalb der Düne fort, sie sind aber durch die darüber angehäuften Sandmassen völlig verdeckt. Unter den am Strande der Düne angeschwemmten Geröllen finden sich vielfach Kreidegesteine, insbesondere Feuersteine verschiedenster Färbung, auch Versteinerungen, außerdem ganz fremdartige Gesteinsbrocken wie Basalt, Granit, Porphyr usw., die während der Eiszeit über dem Boden der Nordsee abgelagert und durch das Wasser z. T. weiter verfrachtet worden sind.

An Stelle der Düne und der sich nordwestlich ausdehnenden Kalk- und Kreideklippen erhob sich sehr wahrscheinlich noch gegen Ende der Eiszeit eine ausgedehnte Insel, die an Höhe kaum gegen das heutige Helgoland zurückstand, aber wegen der Beschaffenheit des Gesteinsmaterials unter Verwitterung und Brandung am meisten gelitten hat. Noch nach Zerstörung der letzten über Wasser emporragenden Reste des „Witte Kliff" bestand eine Verbindung zwischen Hauptinsel und Düne durch einen Geröllwall, der aber bei einer Sturmflut in der Neujahrsnacht 1720/21 durchbrochen und dann schnell durch die Gezeitenströme gänzlich zerstört wurde. Die Düne ist der heute am meisten gefährdete Teil des Helgoländer Gebietes; kostspielige ausgedehnte Buhnenbauten haben das weitere Vordringen des Meeres wohl verlangsamen, aber nicht völlig verhindern können, wie die verheerende Wirkung der großen Sturmflut im Oktober 1926 gezeigt hat. Zur Erhaltung der Düne die geeigneten Maßnahmen zu ergreifen, ist eines der dringlichsten Probleme. Die Helgoländer wünschen zwei frei im Meere auf den Klippen errichtete Wellenbrecher, die Regierung billigte diesen Plan nicht und zwar vor allem wegen der hohen Kosten (12 Millionen RM.), erklärte sich aber bereit, die Düne auf der besonders gefährdeten Nordostseite durch ein steinernes Deckwerk zu schützen.

Die Tier- und Pflanzenwelt auf der Insel ist naturgemäß arm. Auffällig sind die verwilderten Kohlpflanzen (Brassica oleracea), die besonders am Felsabhang unterhalb des Falm in üppiger Menge vorkommen. Die milden Wintertemperaturen ermöglichen an einigen besonders geschützten Stellen das Gedeihen der Feige und des Maulbeerbaumes. Im übrigen suchen sich die Helgoländer offenbar Ersatz für die mangelhafte Vegetation durch sorgfältige Pflege von Zimmerpflanzen zu schaffen, die in ungewöhnlicher Menge zu beobachten sind. — Für die Brandungsplatte sind verschiedene in dichtem Wuchs vorkommende Tangarten charakteristisch, so der Blasentang (Fucus vesiculosus) und Laminaria. Auf der Düne finden sich der zur Befestigung des Sandes dienende Strandhafer und die sonstigen für die Dünenlandschaft charakteristischen Pflanzen. Von der Tierwelt sei erwähnt, daß Maulwürfe und Spitzmäuse nicht vorkommen; am meisten Interesse verdient die Vogelwelt. Im Spätfrühjahr versammelt sich an der Südwestseite unweit der Nordspitze am Lummenfelsen (Abb. 93) eine Kolonie von Lummen, eine nordische Taucherart, zum Brutgeschäft; Ende Juni, Anfang Juli sind die Jungen selbständig genug geworden, daß sie mit den Alten zusammen nach Norden ziehen können, und im Dezember kehren sie wieder zurück. Auf dem Vogelzug kommen im Frühjahr und Herbst viele verschiedene Vogelarten nach Helgoland, darunter zahlreiche, die sonst in Deutschland nicht vorkommen.

In altgermanischer Zeit bildete das von Friesen bewohnte Helgoland einen religiösen Mittelpunkt für die Bewohner der benachbarten Nordseeküsten; darauf ist höchstwahrscheinlich auch der Name zurückzuführen: Helgoland = Heiliges Land. Das Christentum wurde 783 durch Liudger, Bischof von Münster, eingeführt. Die erste urkundliche Erwähnung Helgolands stammt aus dem Jahre 1231, damals

Abb. 95. Blick von der Deutschen Seewarte auf Hamburg mit dem Bismarckdenkmal. Aufnahme Otto Reich, Hamburg. (Zu Seite 104)

Abb. 96. Helgoländer Hummerfischer beim Aussetzen der Hummerkörbe (Zu Seite 102)

führte ein vom dänischen Könige eingesetzter Vogt die Verwaltung, die mindestens zeitweise den Hamburgern durch Erhebung von Schiffahrtsabgaben unbequem war. Ende des 15. Jahrhunderts wurde Helgoland aus seinem bis dahin ziemlich unbedeutenden Dasein in den Mittelpunkt erheblicher wirtschaftlicher Interessen gestellt, als die Heringsfischerei bei Schonen, die über 4000 Menschen Beschäftigung gegeben hatte, ein plötzliches Ende fand, weil die Heringe ihre Laichplätze in die Nordsee verlegten. Helgoland wurde der Stützpunkt der nun in der südlichen Nordsee einsetzenden großen Heringsfischerei (vgl. S. 66), an der vor allem Hamburg, Bremen und Stade beteiligt waren, und ein reges Leben zog auf der Insel ein. Als aber in den ersten Jahrzehnten des 16. Jahrhunderts der Heringsreichtum ebenso plötzlich wie er aufgetreten war, wieder verschwand, lag die Insel bald wieder ebenso einsam wie zuvor da. Der in jener Zeit begonnene Abbau von Kreide und Gips am „Witte Kliff", der besonders im 17. Jahrhundert Bedeutung hatte, und dessen Abtransport gelegentlich bis 100 Lastschiffe im Südhafen der Insel vereinigte, wurde für die Zukunft höchst verhängnisvoll, indem die heutige Düne ihres natürlichen Schutzes beraubt wurde.

Nach ursprünglich dänischer Besetzung war Helgoland vorübergehend im Besitze der Hansestädte gewesen, 1500 aber wurde nach heftigen Kämpfen die Zugehörigkeit zum Herzog von Schleswig-Holstein-Gottorp entschieden. Im Jahre 1684 machte Dänemark wieder ältere Ansprüche geltend, besetzte Helgoland und behielt es auch bis 1807, wo England von Helgoland Besitz ergriff. Während dieser jahrhundertelangen Zugehörigkeit zu Schleswig und zu Dänemark gewannen die Helgoländer ihren Lebensunterhalt in erster Linie durch Fischfang, besonders die Angelfischerei lieferte reichen Ertrag an Schellfisch, der in Hamburg abgesetzt wurde; auch die Hummerfischerei hatte damals schon Bedeutung. Weitere Erwerbsmöglichkeiten bot der Vogelfang anläßlich der Wanderungen der Vögel im Frühjahr und Herbst, bei denen die Insel als Rastplatz berührt wurde, weiterhin die Lotsentätigkeit für die Ansteuerung von Jade, Weser, Elbe und Eider. Unregelmäßige, aber häufig sehr einträgliche Gewinne ergaben sich aus der Ausübung des Strandrechtes, wobei der Hauptgewinn allerdings dem Landesherrn zufiel; nach der Strandordnung von 1706 fiel bei Strandungen je $1/3$ der geborgenen Gutes an den Besitzer des Schiffes und der Ladung, den Landesherrn und die Helgoländer. War der betreffende Kaufmann unbekannt, so fielen dem Landesherrn $2/3$ des

Abb. 97. Der Dampfer „Albert Ballin" der Hamburg-Amerika-Linie in Cuxhaven. (Zu Seite 104)

geretteten Gutes zu. — Hatten die Helgoländer auch in bezug auf die Verwaltung ihres Gemeinwesens volle Freiheit, so war besonders die dänische Herrschaft in bezug auf die Abgaben durchaus spürbar, es war z. B. auch die Lotsentätigkeit, der Hausbesitz und die Hummerausfuhr besteuert, auch mußten Naturalabgaben geleistet werden; „Herrenhummer" und „Herrenschnepfen" spielten damals eine Rolle.

Der durch Frankreichs Erklärung der Kontinentalsperre angeregte Wirtschaftskrieg gegen England, der die Zufuhr von Kolonialwaren nach dem Festlande verhindern sollte, hatte für Helgoland sehr bedeutsame Folgen. Es wurde nach der englischen Besitzergreifung der Stützpunkt für Durchbrechung der französischen Blockade; die Lage der Insel war hierfür außerordentlich günstig, denn sie befand sich außerhalb der Linie der französischen Blockadefahrzeuge und konnte von großen Segelschiffen angelaufen werden. Es begann damals eine große Zeit für Helgoland wie während der kurzen Periode der Heringsfischerei 300 Jahre früher. Der ganze Handel Englands mit dem deutschen Festlande ging über die Insel, mehr als 100 englische, holländische und deutsche Handelshäuser errichteten Niederlassungen auf Helgoland, das damals den Namen „Klein-London" erhielt. Die herangebrachten Waren, besonders Kaffee und Tee, wurden auf kleinen Fahrzeugen nach dem Festlande geschmuggelt. Die hierdurch und den großen Zustrom von Handelsleuten entstehenden Gewinne dauerten jedoch nur kurze Zeit, da die Kontinentalsperre nach dem Mißglücken des französischen Feldzuges gegen Rußland nicht mehr aufrechtgehalten werden konnte. Es brachen nun schwere Zeiten für Helgoland herein. Wurde Helgoland während der Zugehörigkeit zu Dänemark von diesem möglichst begünstigt, so wurde dies nun während der englischen Herrschaft anders, die Zollerleichterungen im Verkehre mit Hamburg hörten auf, das Lotsenwesen wurde von Dänemark in Zusammenarbeit mit Hamburg neu geregelt und die Helgoländer dadurch ausgeschaltet, daß den ankommenden Schiffen nicht mit Helgoländer Lotsen besetzte Lotsenkutter aus Cuxhaven, Neumühlen und Hamburg entgegengeschickt wurden. Eine Erleichterung der wirtschaftlichen Lage brachte der zunächst gegen den Widerstand der Helgoländer Bevölkerung betriebene Plan von Jacob Andresen-Siemens, auf Helgoland ein Seebad zu errichten; 1826 wurde dies eröffnet, und sehr bald zeigte sich auch den Widerstrebenden, welch guter Griff diese Neugründung war: das Seebad nahm einen ungeahnten Aufschwung.

Abb. 98. Steckelhörnfleet in Hamburg. Aufnahme H. Breuer, Hamburg
(Zu Seite 101)

Eine weitere erhebliche Verbesserung der wirtschaftlichen Lage trat ein, als Helgoland nach dem Vertrage vom 1. Juli 1890 am 8. August 1890 von England an Deutschland abgetreten wurde gegen Aufgabe deutscher Ansprüche auf wichtige Teile Ostafrikas. Deutschland gab zu Gunsten Großbritanniens die Schutzherrschaft über das Sultanat Witu und die Somaliküste und die vorgelagerten Inseln Manda und Patta auf, verzichtete ferner auf das von Peters erworbene Uganda und stimmte endlich einem englischen Protektorate über Sansibar zu. Die Einrichtung einer Marinegarnison, Flottenbesuche, Neubauten von Kasernen und der Festung, weiter Uferschutzarbeiten usw. sowie der Zustrom von Arbeitspersonal brachten wichtige neue Erwerbsmöglichkeiten für die Bevölkerung. — Die Befestigung wurde vollständig erst während des Krieges nach den 1891 in den Grundzügen aufgestellten Plänen zu Ende geführt. Moderne weittragende Geschütze wurden aufgestellt und insbesondere in vier starken Panzertürmen im Norden und Süden der Insel acht moderne 30,5 cm-Geschütze mit 27 km Reichweite eingebaut. Für die Unterbringung der Mannschaften, der Munition usw. dienten große, sich von der Nord- bis zur Südspitze erstreckende Kasematten aus

Eisenbeton, kurz, es wurden alle modernen Mittel angewandt, um Helgoland zu einem „deutschen Gibraltar" zu machen. Die Bedeutung der Insel für die Seekriegführung wurde noch bedeutend erhöht durch den Bau eines Kriegshafens in den Jahren 1908 bis 1915. Unter großen Schwierigkeiten wurden zwei 1535 m und 1100 m lange und vom Boden bis zur Oberkante stellenweise 17 m hohe Molen aus Beton zur Umschließung des Hafengebietes erbaut. Die Gesamtfläche des Hafens war etwa ebenso groß wie die ganze Insel, nämlich 50 ha, von diesen entfielen 20 ha auf Land, 30 ha auf Wasser. Nicht weniger als $4^{1}/_{2}$ Millionen cbm Sand waren nötig, um das Hafengelände aufzuschütten, hinzu kam noch $^{1}/_{2}$ Million cbm festes Gestein, das im Hafen vom Meeresboden losgesprengt wurde, um dort überall die Mindesttiefe von $4^{1}/_{2}$ m unter Springniedrigwasser zu haben. Die Gesamtkosten des Hafenbaues beliefen sich auf rund 40 Millionen Mark, waren also etwa gleich hoch wie die für den Bau des Imperator, des damals größten Schiffes, oder den Bau der Hamburger Hochbahn (Ringlinie).

Die Bedeutung Helgolands für die Seekriegsführung und als Mittelpunkt in der Bewachungslinie der deutschen Nordseeküste brachte es mit sich, daß die Insel mit Beginn des Krieges sogleich von der zivilen Bevölkerung völlig geräumt werden mußte. Von der Wehrpflicht waren die vor dem 8. August 1890 geborenen Helgoländer gemäß den bei der Übernahme Helgolands durch Deutschland gewährten Sonderrechten befreit. Erst nach dem 18. November 1918 konnten die Helgoländer zurückkehren, allerdings in völlig veränderte Verhältnisse. Die Flotte war nicht mehr, die Garnison aufgelöst, Einnahmen aus dem Bade waren vorerst nicht zu erwarten; zu dieser unsicheren Lage kamen die unklaren politischen Verhältnisse. Durch die Anordnung von Neuwahlen zur Gemeindevertretung nach dem allgemeinen, gleichen, geheimen und direkten Wahlrecht an Stelle des bisherigen Hausbesitzerwahlrechtes war die Vorherrschaft der alteingesessenen Helgoländer bedroht, hinzu kamen steuerliche Maßnahmen der Regierung, die als im Widerspruch mit den „alten Rechten" stehend angesehen wurden. Dies führte zu scharfen Protesten an die Regierung, ja sogar zu Bemühungen, England und die Entente zum Einschreiten zu Gunsten Helgolands zu bewegen! Durch sehr großes Entgegenkommen der Regierung wurden endlich seit 1922 die bestehenden ungesetzlichen und auch vom nationalen Standpunkt aus unerfreulichen Zustände beseitigt. Helgoland wurde vom Kreise Süderdithmarschen, zu dem es bis dahin gehört hatte, losgelöst und wurde ein selbständiger Kreis mit einem eigenen Landrat; in bezug auf das Gemeindewahlrecht wurde den besonderen Helgoländer Verhältnissen Rechnung getragen, indem als Mindest-Wohnsitzdauer zur Erlangung des Wahlrechtes die Zeit von fünf Jahren an Stelle von sechs Monaten wie sonst in Preußen festgesetzt wurde, weiterhin verzichtete Preußen auf seinen Anteil an der von Helgoland aufgebrachten Reichseinkommensteuer zu Gunsten der Gemeinde.

Der Vertrag von Versailles schloß sehr schwerwiegende Bestimmungen für Helgoland ein. Schon während des Krieges waren im feindlichen Lager Stimmen laut geworden, die eine völlige Vernichtung der Insel forderten, oder aber eine Abtretung von Deutschland, z. B. an Dänemark. Der Artikel 115 des Versailler Vertrages forderte eine restlose Zerstörung der Befestigungen, militärischen Anlagen und Häfen auf Helgoland und auf der Düne innerhalb bestimmter Frist. Trotz vieler Bemühungen, z. T. auch des neutralen Auslandes, wenigstens die sinnlose Zerstörung des Hafens zu hindern, konnten nur ganz geringe Erleichterungen erreicht werden, und die auch für friedliche Zwecke unendlich wichtigen Hafenanlagen fielen in den dem Kriege folgenden Jahren dem feindlichen Diktat zum Opfer. Die bei Niedrigwasser noch sichtbaren Reste der Molen lassen die ehemalige Grenze des Hafens heute noch erkennen (Abb. 88).

Die Helgoländer sind wie die Bewohner der ost- und nordfriesischen Inseln ihrer Abstammung nach Friesen. Die alte Helgoländer Sprache wird von den

Abb. 99. Blick vom Flugzeug aus nördlicher Richtung auf die Alster in Hamburg. Im Hintergrunde die Vorderelbe. Aufnahme Photogrammetrie G. m. b. H., München. (Zu Seite 104)

Helgoländern selbst noch viel angewandt, sie bildet mit den Mundarten auf Sylt, Amrum und Föhr die Gruppe der nordfriesischen Inselsprachen und ist von Th. Siebs näher studiert und literarisch festgehalten worden. Unterschiede sind dadurch entstanden, daß die Sprache auf Sylt durch die dänische, die auf Helgoland durch die deutsche Sprache beeinflußt worden ist. Diese nordfriesischen Sprachen wie auch die ostfriesischen Dialekte auf den Halligen und Wangeroog sind am meisten den germanischen Bestandteilen der englischen Sprache verwandt, und wir dürfen annehmen, daß die Sprache der nach England ausgewanderten Angeln und Sachsen der friesischen Sprache eng verwandt war. In späterer Zeit ist umgekehrt eine Beeinflussung des Helgoländischen durch die englische Sprache nur ganz verschwindend eingetreten, wohl aber durch das Deutsche. „Die hoch- und plattdeutschen Lehnworte sind das einzige, was man am Helgoländischen überhaupt versteht; ohne sie würde es dem Deutschen fast so fremd klingen wie das Schwedische." (Siebs.) Wenn auch viele Eigenarten der Helgoländer Sprache und Sitte durch die jährliche Überschwemmung mit Fremden allmählich verwischt und im Laufe der Zeit vielleicht verloren gehen werden, so wird dies doch infolge des konservativen Sinnes der Helgoländer sicher sehr lange dauern. Die farbenfreudige Tracht der Helgoländer Mädchen und Frauen spielt ähnlich wie auf den übrigen friesischen Inseln heute nur noch bei Festlichkeiten eine Rolle (Abb. 7).

Bis auf den heutigen Tag hat die Hummerfischerei für Helgoland Bedeutung. Der Hummer zieht für seinen Aufenthalt felsige, zerklüftete Abhänge vor, die er innerhalb der Deutschen Bucht nur bei Helgoland findet. Schon aus dem Beginn des 17. Jahrhunderts wird der Hummerfang erwähnt, die Lieferung erfolgte hauptsächlich nach Hamburg. Früher wurde der Fang mit senkrecht und bis auf die Klippen hinabreichenden Netzen betrieben; durch die im Netz angebrachte Lockspeise wurden die Hummer angelockt, die sich dann im Netze verwickelten, so daß sie gefangen werden konnten; sie wurden dann in auf der Reede verankerte Hummerkästen gesetzt und nach Erbeutung einer hinreichend großen Menge verkauft. Heute werden reusenartige Fangkörbe benutzt (Abb. 96). Von Mitte Juli bis Mitte September, wo die Hummer sich häuten sowie die Ablage der Eier und die Entwicklung der Jungen erfolgt, ist Schonzeit, auch ist ein Mindestmaß eingeführt worden; trotzdem ist der Hummerfang zurückgegangen. Am Ende des 18. Jahrhunderts wurden jährlich etwa 40000 bis 50000 Hummer gefangen, in den 90er Jahren des vorigen Jahrhunderts noch jährlich 60000 bis 70000 Stück, seitdem hat der Ertrag bedeutend abgenommen, 1924 wurden etwa 19000 Hummer erbeutet. Man hat riesige Tiere bis $^1/_2$ m Länge und bis acht Pfund Gewicht heraufgebracht; marktfähige Tiere haben etwa ein Pfund Mindestgewicht und haben immerhin schon ein Alter von 6—8 Jahren, besonders große Exemplare mögen ein Alter von etwa 30 Jahren erreicht haben. Durch eine rationellere Bewirtschaftung der Hummergründe und eventuell eine künstliche Hummerzüchtung hofft man, die Erträge langsam wieder auf größere Höhe zu bringen.

Die übrige Helgoländer Fischerei auf Dorsch, Makrelen, Seehasen, Aale, Plattfische usw. dient fast nur zur Selbstversorgung. Eine gewisse Bedeutung hat die Ausnutzung der dicken Stengel eines Brauntanges, Laminaria, der in riesigen Mengen an den Strand getrieben wird; getrocknet werden die Stengel für chirurgische Zwecke verwendet (Wundstifte, zum Einführen in eiternde Wunden, als Quellstifte).

Durch seine einzigartige Lage mitten im Meere ist Helgoland der gegebene Mittelpunkt für die deutsche meeresbiologische Forschung. Bald nach der Übergabe Helgolands an Deutschland wurde dort 1892 die Staatliche Biologische Anstalt gegründet (Abb. 94), die seitdem eine glänzende Entwicklung genommen hat und alljährlich von einer großen Zahl von Gelehrten und Studenten aus dem In- und Auslande aufgesucht wird, um sich dort mit der Fauna und Flora der südlichen Nordsee vertraut zu machen, und entweder eigene Forschungsarbeiten

Abb. 100. Die bremischen Häfen aus der Vogelschau. Im Vordergrunde links die Werft der Aktiengesellschaft Weser. (Zu Seite 104.)

Abb. 101. Blick vom Flugzeug auf einen Teil des Hamburger Hafens. In der Mitte rechts die Werft von Blohm & Voß, im Hintergrunde links das Heiligengeistfeld, rechts Binnen- und Außenalster. Aufnahme Photogrammetrie, München (Zu Seite 104)

auszuführen oder an wissenschaftlichen Kursen teilzunehmen, die von den Gelehrten des Instituts veranstaltet werden. Aus kleinen Anfängen ist allmählich ein großes Institut entstanden, das zunächst in einer Reihe von früheren Wohnhäusern untergebracht wurde, von denen wenigstens einige jüngst einem 1927 beendeten imposanten Neubau haben weichen können; eine Zweigstelle der Biologischen Anstalt befindet sich in List auf Sylt. Sehenswürdigkeiten der Anstalt auf Helgoland bilden das Nordseemuseum, u. a. mit einer reichen Sammlung der Vogelarten, die auf Helgoland gefangen werden, und Darstellungen der Fauna und Flora des Meeres, besonders der Nutzfische, weiter die Vogelwarte und ganz besonders das Aquarium, in dem die Lebewelt der Nordsee dem Beschauer in glänzender Weise vorgeführt wird. Außer den in unmittelbarer Nähe von Helgoland am Felsen lebenden Pflanzen (z. B. den durch ihre zarten bunten Farben ausgezeichneten Seerosen) werden in den einzelnen Teilen des Aquariums möglichst alle im Wasser der übrigen Deutschen Bucht vorkommenden Lebewesen unter der Natur möglichst angepaßten Lebensbedingungen gehalten, vom Seehund bis zu den Nutz- und Raubfischen und den schon bei flüchtiger Fahrt übers Meer auffallenden Quallen, sowie den auf dem Meeresboden lebenden Würmern, Muscheln usw. (Abb. 10—12, 16—19).

VIII. Schlußbemerkung

Der Eindrücke beim Aufenthalte an und auf der Nordsee sind gar viele, und für den Binnenländer tut sich hier eine neue Welt auf. Doch wäre das gewonnene Bild nur unvollständig, wenn nicht auch der beiden überragenden Mittelpunkte des wirtschaftlichen Lebens im Bereiche der Nordseeküste gedacht würde, der Freien und Hansestädte Hamburg und Bremen (Abb. 95, 97—102).

Sie sind die Ausfalltore für den deutschen Welthandel und die Eingangspforten für die von Übersee zu uns gebrachten Waren, der Sitz der großen Handelshäuser und Schiffahrtsgesellschaften, sowie die Mittelpunkte der vielen überseeischen Beziehungen, die eine der Grundlagen des deutschen Handels bilden. Ist ihre Bedeutung auch schon alt, so hat sie sich in stärkerem Maße doch erst langsam seit der Entdeckung Amerikas entwickelt, durch dessen Eingliederung in die Weltwirtschaft der Schwerpunkt des deutschen Seehandels von der Ostsee nach der Nordsee und damit von Lübeck, dem Vorort der Hanse, besonders nach Hamburg verschoben wurde. Nach der Gründung des Deutschen Reiches nahmen durch seine schnelle wirtschaftliche Entwicklung und zunehmende Industrialisierung die beiden alten Hansestädte einen zunehmenden Aufschwung, der durch den Krieg und Verlust der Handelsflotte zwar gehemmt, aber nicht aufgehalten werden konnte. Durch das schnelle Wachstum der letzten Jahrzehnte hat Hamburg viel von seinem altertümlichen Stadtbilde verloren, und dieser Vorgang schreitet mit zunehmender Citybildung fort, Hamburg entwickelt sich immer mehr zu einer modernen Weltstadt. Demgegenüber hat Bremen viel von seinen altertümlichen Bauten erhalten. Mit der Vergrößerung und Vermehrung der Schiffe haben die Hafenanlagen Hamburgs durchgreifende Erweiterung erfahren, für Bremen spielt das rund 120 km entfernte Bremerhaven an der Mündung der Weser eine immer größere Rolle als Vorhafen*). Die Erhaltung und der Ausbau der Schiffahrtsstraßen Elbe und Weser ist eine Lebensfrage für die Städte. Ständig sind Baggerarbeiten erforderlich, und durch Feuer, Bojen und andere Schiffahrtszeichen ist das Fahrwasser bis zur Mündung von Elbe und Weser bezeichnet, und auch weiterhin auf dem Wege längs der deutschen Küste ist der Weg durch Leuchtfeuer an der Küste und auf den Inseln (Abb. 72, 73) sowie durch Feuerschiffe gesichert.

*) Vgl. auch die Monographien zur Erdkunde: R. Linde, „Die Niederelbe" und D. Steilen, „Die Niederweser".

Abb. 102. Blick vom Flugzeug auf die Deutsche Werft in Hamburg. Aufnahme Photogrammetrie G. m. b. H., München (Zu Seite 104)

IX. Literatur

Allmers, Hermann. Marschenbuch. Oldenburg und Leipzig 1857.
Berg, Alfred. Naturwissenschaftliches Wanderbuch für die Nordsee und die Nordseeküste. Leipzig.
Brohm, Helgoland in Geschichte und Sage. Cuxhaven-Helgoland 1907.
Busch, Andreas. Die Entdeckung der letzten Spuren Rungholts. Jahrbuch des Nordfriesischen Vereins für Heimatkunde usw. Bd. 10.
Busch, Andreas. Neue Beiträge zur Frage der Bodensenkung in Nordfriesland. Jahrbuch des Nordfriesischen Vereins für Heimatkunde usw. 1927.
Deutsche Seewarte. Atlas für Temperatur, Salzgehalt und Dichte der Nordsee und Ostsee. Hamburg 1927.
Hagmeier, A. Über Austernkultur an Deutschlands Küste usw. Mitteilungen des Deutschen Seefahrt-Vereins. Bd. 42. 1926.
Hagmeier, A., und Kändler, R. Neue Untersuchungen im nordfriesischen Wattenmeer und auf den fiskalischen Austernbänken. Wissensch. Meeresuntersuchungen. N. F. Abt. Helgoland. XVI. Band. Abh. Nr. 6. Oldenburg i. O. 1927.
Hinrichs, C. Der Geeststrand Schleswig-Holsteins. Mitt. d. Geogr. Ges. zu Lübeck. Bd. 30.
Jensen, Christian. Die nordfriesischen Inseln. 2. Auflage. Lübeck 1927.
Krause, August. Die Insel Amrum. Eine Landeskunde. Stuttgart 1913.
Krüger, W. Die Jade, das Fahrwasser Wilhelmshavens, ihre Entstehung und ihr Zustand. Jahrbuch der Hafenbautechnischen Gesellschaft. 4. Band. Hamburg 1922.
Kuckuck, Paul. Der Nordseelotse. Lehrreiches und lustiges Vademekum für Helgoländer Badegäste und Besucher der Nordsee. Hamburg.
Lehmann, Otto. Das Bauernhaus in Schleswig-Holstein. Hans Ruhe Verlag, Altona 1927.
Lehmann, Otto. Die Bevölkerung Nordfrieslands. Volk und Rasse. 1. S. 7 ff. München 1926.
Linde, R. Die Niederelbe. Monographien zur Erdkunde. Bd. 28. Velhagen & Klasing, Bielefeld und Leipzig. 6. Aufl. 1924.
Lindemann, C. Das deutsche Helgoland. Berlin 1913.
Lübbert, H. Vom Walfänger zum Fischdampfer. Hamburgs Fischerei in zehn Jahrhunderten. Hamburg 1925.
Mager, Friedrich. Der Abbruch der Insel Sylt durch die Nordsee, eine historisch-geographische Untersuchung. Veröffentlichungen der Schleswig-Holsteinischen Universitätsgesellschaft. Nr. 8. Breslau 1927.
Marten, Georg, und Mäckelmann, Karl. Dithmarschen, Geschichte und Landeskunde Dithmarschens. Heide 1927.
Meyer, Hanns. Strandgetier. Friesen-Verlag, Bremen 1926.
Müller, Friedrich. Das Wasserwesen an der schleswig-holsteinischen Nordseeküste. Erster Teil: Die Halligen. 2 Bände, mit Atlas. Berlin 1917.
Nerong, O. C. Die Insel Föhr. Selbstverlag, Dollerup 1903.
Oldenburgischer Landeslehrerverein. Heimatkunde des Herzogtums Oldenburg. Bremen 1913.
Pratje, Otto. Geologischer Führer für Helgoland und die umliegenden Meeresgründe. Berlin 1923.
Richter, Rud. Eine geologische Exkursion in das Wattenmeer. Aus Natur und Museum, 56. Bericht der Senckenbergischen Naturforschenden Gesellschaft. 1926. S. 289—307. Frankfurt a. M.
Richter, Rud. „Sandkorallen"-Riffe in der Nordsee. Natur und Museum. Band 57. S. 49 ff. Frankfurt a. M. 1927.
Riemann, F. W. Wangeroog. Oldenburg i. O., o. J.

Schnakenbeck, W. Die Nordseefischerei. Handbuch der Seefischerei Nordeuropas, herausgegeben von Lübbert und Ehrenbaum. Band V, Heft 1. Stuttgart 1928.

Schreiber-Loetzenburg, Helgoland und seine Verwaltung seit 1890. Berlin 1927.

Siebs, Benno Eide. Die Hausmarken der Insel Helgoland. „Nordelbingen", Beiträge zur Heimatforschung in Schleswig-Holstein, Hamburg und Lübeck. 5. Band. 1926.

Siebs, Benno Eide. Die Helgoländer. Eine Volkskunde der Roten Klippe. Veröffentlichungen der Schleswig-Holsteinischen Universitätsgesellschaft Nr. 13. Breslau 1928.

Siebs, Th. Helgoland und seine Sprache. Beiträge zur Volks- und Sprachkunde. Verlag Rauschenplat. Cuxhaven 1909.

Solger, F. u. a. Dünenbuch. Stuttgart 1910.

Steilen, Diedrich. Die Niederweser. Monographien zur Erdkunde. Bd. 37. Velhagen & Klasing, Bielefeld und Leipzig 1928.

Stillahn, Harms. Die Marschen Oldenburgs und ihre wirtschaftliche Nutzung. Dissert. Kiel 1919.

Stocks, Heinrich. Helgoland im Versailler Friedensvertrag. Dissertation. Greifswald 1927.

Tacke, Bruno, und Lehmann, Bernhard. Die Nordseemarschen. Monographien zur Erdkunde. Bd. 32. Velhagen & Klasing, Bielefeld und Leipzig 1924.

Tacke, Bruno, und Lehmann, Bernhard. Die norddeutschen Moore. Monographien zur Erdkunde. Bd. 27. Velhagen & Klasing, Bielefeld und Leipzig. 2. Aufl. 1926.

Weigold, Hugo. Die Vogelfreistätten der deutschen Nordsee. Meereskunde XIV, 3. Berlin 1925.

Weigold, Hugo. Lebensweise und wirtschaftliche Bedeutung der deutschen Seemöven. Fischerbote 1913. Auch als Sonderdruck erschienen bei L. Friederichsen & Co., Hamburg 1913.

Wildvang, Dodo. Das Alluvium zwischen der Ley und der nördlichen Dollartküste. Aurich 1915.

Woebcken, Carl. Deiche und Sturmfluten an der Nordseeküste. Friesenverlag, Bremen 1924.

Wolff, Wilh. Zur Frage der neuzeitlichen Küstensenkung im deutschen Küstengebiet. Sitzungs-Bericht der Geologischen Landesanstalt. Heft 1. Berlin 1926.

Wolff, Wilh. Ergebnisse einer Bereisung der deutschen Nordseeküste zur Prüfung der Senkungsfrage. Zeitschrift für praktische Geologie. XXXI. S. 113—128. 1923. Halle a. S.

Zylmann, Peter. Norderney. Friesen-Verlag, Bremen 1922.

Verzeichnis der Abbildungen

Abb.		Seite
1.	Halligeneinsamkeit. Gemälde von A. Ruths. Farbiges Titelbild	
2.	Helgoland, Straßenbild vom Oberland	2
3.	Helgoland, von der Düne aus gesehen	3
4.	Helgoland, Unterland	3
5.	Sturm bei Helgoland	5
6.	Inneres der Kirche auf Helgoland	6
7.	Helgoländerinnen in heimischer Tracht	7
8.	Schobüll	8
9.	Queller auf Hallig Südfall	9
10.	Roter Knurrhahn oder Petermann. Farbiges Bild	10
11.	Einsiedlerkrebse. Farbiges Bild	11
12.	Taschenkrebs. Seenelke. Schwimmkrabbe. Steinpicker. Wellhornschnecke. Farbiges Bild	11
13.	Das „Kuhlen"	12
14.	Grabenentwässerung durch das „Wüppenspell"	13
15.	Das „Kuhlen"	13
16.	Schollen. Schwimmkrabbe. Seespinne. Farbiges Bild	14
17.	Junger Katfisch. Farbiges Bild	14
18.	Seerosen. Lederkoralle. Farbiges Bild	15
19.	Seepocken. Seestern. Seeigel. Kaisergranat. Farbiges Einschaltbild zw.	16/17
20.	Hanswarft auf Hallig Hooge mit Fehting	17
21.	Wurmhäuschen von Arenicola marina	18
22.	Strandhafer in den Dünen von List auf Sylt	19
23.	Dünenlandschaft auf Amrum	21
24.	Die Temperatur des Nordseewassers im Februar und August. Zwei Karten	22
25.	Der Salzgehalt des Nordseewassers im Februar und August. Zwei Karten	23
26.	Blick vom Helgoländer Oberland auf Meer und Hafengelände bei heftigem Sturm. Einschaltbild zw.	24/25
27.	Eisgang der Elbe	25
28.	Sturmflutkurven von Wilhelmshaven und Cuxhaven	26
29.	Nordseebrandung	27
30.	Ein Schiffbrüchiger gleitet in der Rettungshose ans Land	28
31.	Der Raketenapparat	28
32.	Ein Rettungsboot der Gesellschaft zur Rettung Schiffbrüchiger	29
33.	Austernbänke Nordfrieslands. Karte	30
34.	Achterdeck des Austerndampfers „Gelbstern"	31
35.	Verbreitung der Miesmuschelbänke an der ostfriesischen Küste. Karte	32
36.	Seemoosfangplätze an der ostfriesischen Küste. Karte	33
37.	Frauen beim Fischen mit Schiebehamen	33
38.	Modernes Fisch-Motorschiff	35
39.	Fischereihafen Bremerhaven. Fischversteigerung	36
40.	Cuxhaven. Fischhallen	37
41.	Eisenbahndamm zwischen Sylt und dem Festland	38
42.	Sylter Südbahn und Dampferstation Hörnum	39
43.	Schulhaus in Rantum auf Sylt	39
44.	Segelboote auf der Niederelbe in mondheller Nacht. Einschaltbild zw.	40/41
45.	Weißes Kliff auf Sylt	41
46.	Morsumkliff auf Sylt	41
47.	Typisches Sylter Haus in Westerland	42
48.	Strandpromenade in Westerland	43
49.	Friesenhäuser bei Aventoft	44
50.	Thinghügel bei Tinnum auf Sylt	44
51.	Altar in der Johanniskirche in Nieblum auf Föhr	45
52.	Strohgedeckte alte Windmühle in Ovenum auf Föhr	46
53.	Strand in Wyk auf Föhr	47
54.	Hafen in Wyk auf Föhr	47
55.	St. Laurentiikirche auf Föhr	48
56.	Alte Grabsteine in Nieblum auf Föhr	48
57.	Straße in Nieblum auf Föhr	49
58.	Kirche auf Hallig Oland	50
59.	Inneres der Kirche auf Hallig Oland	51
60.	Anschlickung am Damm nach Oland	52
61.	Grüppel- (Entwässerungs-)Anlagen bei Dagebüll	52

Abb.		Seite
62.	Hilligenlei auf der Hallig Nordmarsch-Langeneß	53
63.	Königspesel auf der Hanswarft, Hallig Hooge	55
64.	Leuchtturm von Pellworm	56
65.	Alte Kirche mit Turmruine auf Pellworm	57
66.	Rungholt. Alte Schleuse im Deich	59
67.	Rungholt. Alte Feldeinteilung	59
68.	Strandschutz auf einer Hallig	60
69.	Ungeschützte Halligkante	61
70.	Hafen in Husum	62
71.	Rathaus und alte Häuser am Markt in Husum	63
72.	Rotesandleuchtturm	64
73.	Der älteste Leuchtturm der Nordsee auf der Insel Neuwerk	65
74.	Brandschwalben auf der Vogelfreistätte des Düneneilandes Mellum	66
75.	Blick auf das Watt zwischen Wangeroog und der Küste	67
76.	Deichtor in Butjadingen	67
77.	Borkum. Zeltstrand mit Familienbad	69
78.	Blick auf Juist	71
79.	Norderney. Blick auf die Düne mit dem Leuchtturm. Einschaltbild zw.	72/73
80.	Tennisplätze am Strand von Norderney	74
81.	Strandpromenade auf Borkum	75
82.	Badestrand in Norderney	77
83.	Am Strand von Langeoog	78
84.	Spiekeroog. Blick auf das Dorf und die Dünen	79
85.	Brandung an der Westspitze von Wangeroog. Farbiges Einschaltbild zw.	80/81
86.	Wangeroog	81
87.	Der Leuchtturm auf Helgoland bei Nacht	83
88.	Helgoland. Blick auf Mönch und Hafengelände	86
89.	Steilabfall der Westseite mit der Schutzmauer	87
90.	Abendstimmung an der Küste von Wangeroog. Einschaltbild zw.	88/89
91.	Helgoland. Lange Anna	91
92.	Helgoland. Felsen an der Ostseite	92
93.	Helgoland. Lummenfelsen	93
94.	Helgoland Biologische Anstalt und Falm	95
95.	Helgoländer Hummerfischer	96
96.	Blick auf Hamburg mit dem Bismarckdenkmal. Einschaltbild zw.	96/97
97.	Der Dampfer „Albert Ballin" in Cuxhaven	97
98.	Steckelhörnflet in Hamburg	99
99.	Blick vom Flugzeug auf die Alster in Hamburg	101
100.	Die bremischen Häfen aus der Vogelschau	103
101.	Blick vom Flugzeug auf einen Teil des Hamburger Hafens	104
102.	Blick vom Flugzeug auf die Deutsche Werft in Hamburg	105

Register

Ablagerungen 15 ff.
Accum 20.
Acumer Ee 88.
Adelheids-Groden 18.
Altinien 15 (Abb. 18).
Aldessen 53.
Algen 16.
Allerheiligenfluten 1532 u. 1570 54.
Altes Land 10. 85.
Alt-Nordstrand 83.
Altona 67.
Alt-Wangeroog 54.
Ambronen 53.
Amrum 21 (Abb. 23). 53. 64. 65. 81.
Andel 16.
Anschlickung 16. 52 (Abb. 60). 82.
Antonisflut 1511 54.
Appelland 82.
Archsum 76.
Artesische Brunnen 22.
Austern, Austernbänke usw. 27. 30 (Abb. 33). 31 (Abb. 34). 61 ff.
Außendeichsland 26.
Aventoft 44 (Abb. 49).

Bad Kampen 80.
Balje 88.
Baltrum 89.
Bendixwarf 82.
Bergung von Schiffen 60.
Bevölkerung 20.
Binsenweizen 25.
Biologische Anstalt f. Helgoland.
Blankenese 68. 84.
Blauhaudter Groden 18.
Blockland 10.
Blockpackungen 6.
Boden 16 ff.
Bodenbedeckung 28.
Boldixum 82.
Borgsum 82.
Borkum 37. 69 (Abb. 77). 71. 72. 75 (Abb. 81). 88.
Borkum Riff 28.
Borkum Riff Grund 88.
Brake 67. 85.

Bramstedt 2.
Brandung 27 (Abb. 29). 40. 45. 80/81 (Abb. 85).
Braunkohlen 4.
Brecwoldt Sand 13.
Bremen 49. 58. 103 (Abb. 100). 104. 105.
Bremerhaven 12. 36 (Abb. 39). 49. 67. 85.
Brockmer Land 85.
Brotdorf 12.
Brunsbüttel 12. 13.
Bungsberg 1.
Buschsand 84.
Büsum 64. 65. 75. 84.
Butjadingen 10. 18. 20. 85.
Butwehl 82.

Carolinensiel 19. 64. 88.
Cimbern 53.
Cuxhaven 13. 26 (Abb. 28). 36. 37 (Abb. 40). 49. 68. 85. 98 (Abb. 97).

Dagebüll 52 (Abb. 61). 82.
Dangast 9. 85.
Dangastermoor 19.
Deichbauten 20. 67 (Abb. 76).
Dendhoog 80.
Deutsche Gesellschaft zur Rettung Schiffbrüchiger 28 (Abb. 30) bis 29 (Abb. 32). 58.
Deutsche Seewarte 36. 57. 70.
Dichte des Wassers 35. 37. 38.
Dionysiusfluten 1374 u. 1377 53.
Dithmarschen, Norder- u. Süder- 10. 20. 74.
Dode Mannes Hand 15 (Abb. 18).
Doggerbank 27.
Dollart 53. 54.
Drückdahl 16.
Duhnen 9. 10. 85.
Dünen 9. 19 (Abb. 22). 21 (Abb. 23). 22 ff. 78. 80. 81.
Dünung 40. 44.

Ebbe 46 ff.
Edwarden 85. 88.

Edwardermühle 18.
Eider 36. 76.
Eiderstedt 10. 20. 54. 74.
Einsiedlerkrebse 11 (Abb. 11).
Eisbericht 36. 37.
Eisbildung 35 ff.
Eiszeit 4.
Elbe 12. 25 (Abb. 27). 36. 40/41 (Abb. 44). 65. 84.
Eliewarden 12.
Ellenbogen 75.
Ellenserder Groden 18.
Elsfleth 67. 85.
Emden 36. 49. 54. 58. 66.
Emmelsbüll 10.
Ems 36. 54. 85.
Emsiger Land 85.
Emsland 20.
Endmoränen 6. 8.
Entwässerung 13 (Abb. 14). 17. 52 (Abb. 61).
Erdöl 2. 3.
Esens 65.
Eytum 79.

Farbe des Wassers 41 ff.
Fedderwarden 20. 88.
Fedderwardersiel 58.
Feuerschiff Borkum-Riff 37. — Elbe 1 13.
Fehting 17 (Abb 20). 22.
Finkenwärder 68.
Fischerei 33 (Abb. 37) bis 37 (Abb. 40). 60 ff. 65 ff.
Flut 46 ff.
Forelsche Farbenskala 43.
Föhr 46 (Abb. 52) bis 49 (Abb. 57). 65. 81.
Friedrich-August-Groden 18.
Friedrichshain 79.
Friedrichstoog 75.
Friedrichstadt 75.
Friesen 100.
Friesenhain 79.
Frischfischfang 68 ff.

Garding 75.
Garnelen 63.
Geest 6. 8 (Abb. 8). 9. 10.
Gefrierpunkt des Wassers 35.
Geologie 1 ff.

Geschiebe 6.
Geschiebelehm 76.
Gesellschaft zur Rettung
Schiffbrüchiger 28 (Abb.
30) bis 29 (Abb. 32). 58.
Gezeiten 46 ff.
Gezeitenströmungen 50.
Gipsberg 2.
Glückstadt 13. 36. 67.
Gold 32.
Goting Kliff 81.
Greetsiel 88.
Gröde 31 (Abb. 34). 82.
Groden 16.
Groß-Arngast 85.
Grundmoränen 6. 23.
Grüppel 52 (Abb. 61). 84.

Habel 82.
Hadeln f. Land Hadeln
Halligen Titelbild (Abb. 1).
9 (Abb. 9). 10. 17 (Abb.
20). 22. 31 (Abb. 34). 50
(Abb. 58) bis 52 (Abb. 60).
53 (Abb. 62) bis 61 (Abb.
69). 82 ff.
Hamburg 12. 49. 58. 71.
96/97 (Abb. 95). 99 (Abb.
98). 101 (Abb. 99). 104.
105. 104 (Abb. 101). 105
(Abb. 102).
Hamburger Hallig 22. 54.
82.
Harburger Schweiz 1.
Harle 88.
Harle-Gebiet 18.
Harlingersiel 88.
Haseldorfer Marsch 85.
Hauberge 74.
Hausbau 17 (Abb. 20). 22.
42 (Abb. 47). 44 (Abb. 49).
63 (Abb. 71).
Hebung von Schiffen 60.
Heeswarft 55 (Abb. 63).
Heide 75.
Helgoland 2 (Abb. 2) bis 7
(Abb. 7). 3. 13. 24/25
(Abb. 26). 34. 37. 49. 62.
72. 73. 83 (Abb. 87) bis 87
(Abb. 89). 90 ff. 91 (Abb.
91) bis 95 (Abb. 94). 97
(Abb. 96).
—, Bewohner 96. 100.
—, Biologische Anstalt 62.
70. 90. 95 (Abb. 94). 102.
—, Düne 90. 96.
—, Falm 90. 95 (Abb. 94).
—, Fischerei 102.
—, Geschichte 97 ff.
— Grund 88.

Helgoland, Hafen 86 (Abb.
88). 100.
—, Hohe Brunnen 96.
—, Hummerfischerei 102.
—, Krid Brunnen 96.
—, Lange Anna 87 (Abb.
89). 91 (Abb. 91).
—, Leuchtturm 90.
—, Lummenfelsen 93 (Abb.
93). 97.
—, Mönch 86 (Abb. 88).
—, Oberland 90.
—, Olde Hoven Brunnen 94.
—, Peck Brunnen 96.
—, Pflanzenwelt 96.
— Riff 28.
—, Robben Brunnen 96.
—, Schutzmauer 86 (Abb. 88).
87 (Abb. 89). 94.
—, Scit Gat 96.
—, Seebad 98.
—, Selle Brunnen 96.
—, Sprache 100.
—, Südhafen 90.
—, Tierwelt 96.
—, Tracht 102.
—, Uferschutzbauten 90 ff.
—, Unterland 90.
—, Witte Kliff 96. 97.
—, Witt Kliff Brunnen 94.
Helm f. Strandhafer.
Helmsand 84.
Hemmingstedt 2. 3.
Hemmoor 3.
Heringsfischerei 66 ff.
Hever-Strom 84.
Hilligenlei 53 (Alb. 62). 82.
Hindenburgdamm 10. 38
(Abb. 41). 74. 80.
Hochseefischerei 66 ff.
Hoffe 18.
Hog Stean 90.
Hoher Weg 37. 85.
Holsteinische Schweiz 1.
Holt Knobs 76.
Hooge 17 (Abb. 20). 55
(Abb. 63). 82.
Hooksiel 19. 88.
Hörnum 39 (Abb. 42). 64.
76. 78.
Hörnum, Bad 80.
Hörnum Knobs 76.
Hörnum Odde 76.
Hörnum Tief 64. 76.
Horumersiel 88.
Hosenbojen 28 (Abb. 30).
60.
Hoyerschleuse 80.
Hummerfischerei 97 (Abb.
96). 102.

Husum 62 (Abb. 70). 63. 63
(Abb. 71). 64. 65. 75.

Ihlienworth 20.
Inlandeis 6.
Interglacialzeiten 6. 8.
Itzehoe 75.
Itzendorf Plate 88.

Jade 36. 85.
Jadebusen 54.
Jever 18.
Jeverland 10. 85.
Juist 27. 71 (Abb. 78). 89.
Juister Balje 89.
Julianenflut 1164 53.
Jungnamen Sand 76.

Kaisergranat 16/17 (Abb. 19).
Kalk 33.
Kalkgehalt 12.
Kalkkonkretionen 17.
Kampen 76. 80.
Karbonadenfisch 14 (Abb. 17).
Katfisch 14 (Abb. 17).
Kehdingen 10. 85.
Keitum 4. 71. 72. 73. 76.
80.
Ketelswarf 82.
Kiel 58.
Kirchwarf 82.
Kirchhofwarf 82.
Klanxbüll 80.
Kleierde 12 (Abb. 13). 13
(Abb. 15). 19.
Klein-Arngast 85.
Kleinstrückhausen 18.
Klima 70 ff.
Klintum 82.
Knickbildung 17. 18.
Kniephafen 81.
Kniepsand 81.
Knurrhahn 10 (Abb. 10).
Kochsalz 32.
Köderwurm f. Sandwurm.
Kollmar 12.
Königspesel 55 (Abb. 63).
82.
Koog 16.
Kontinentalblock 28.
Krabben 63.
Kraier 64.
Krautsand 12.
Kreide 3.
Kremper Marsch 10. 85.
Krumme Hörn 85.
Kuhlen 12 (Abb. 13). 13
(Abb. 15). 19.
Kuhlerde 19.
Küstenfischerei 60 ff.

111

Lägerndorf 3.
Land Hadeln 10. 12 (Abb. 13). 13 (Abb. 15). 20. 85.
Land Kehdingen 10. 85.
Land Stedingen 10. 85.
Land Wührden 10. 85.
Land Wursten 10. 20. 85.
Langeneß 82.
Langenfelde 2.
Langeoog 78 (Abb. 83). 89.
Langwarden 19. 20.
Lederkoralle 15 (Abb. 18).
Leer 67.
Legde 88.
Leuchtturm Helgoland 83 (Abb. 87).
— Hoher Weg 37.
— Roter Sand 37. 64 (Abb. 72).
Ley-Bucht 88.
Leye 76.
Lieth 2.
Lift 63. 78.
Lister Tief 76.
Lornsen 79.
Lüneburg 3.
Lütje Hörn 89.

Maibolt 19.
Marcellusflut 1219 u. 1362 53.
Marne 75.
Marschboden 17. 18.
Marschen 9 ff.
Mayenswarf 82.
Meeresforschung, Deutsche Wissenschaftl. Kommission für 70.
Meeresleuchten 43.
Meerhand 15 (Abb. 18).
Meerläufer 39.
Meldorf 75.
Melkhörn 89.
Mellum 66 (Abb. 74).
Memmert Balje 89.
Memmert Sand 89.
Midlum 82.
Miesmuschel, Miesmuschelbänke 32 (Abb. 35). 64.
Minsener Old Oog 36.
Misselwarden 20.
Moor 9.
Moränen 6.
Morsum 4. 76. 80.
Morsumkliff 41 (Abb. 46). 78.
Muntmarsch 79. 80.

Nebel 81.
Neßfall 12.

Neufeld 12.
Neuharlingersiel 65.
Neu Peterswarf 82.
Neu-Wangeroge 54. 89.
Neuwerk 65 (Abb. 73). 85.
Nieblum 45 (Abb. 51). 48 (Abb. 56). 49 (Abb. 57). 82.
Niederschläge 73.
Nienstedten 12. 84.
Nipptide 49.
Norddeich 64.
Norddorf 81.
Nordenham 67. 85.
Norder-Aue 76. 82.
Norder-Hever 76. 82. 84.
Norder Land 85.
Norderney 27. 58. 72. 72/73 (Abb. 79). 74 (Abb. 80). 77 (Abb. 82). 89.
— Grund 88.
Norderoog 82.
Nordstrandischmoor 22. 54. 82. 84.
Norwegische Rinne 27.
Nösse 80.
Norder-Piep 76.
Nordfriesland 30 (Abb. 33).
Nordmarsch-Langeneß 53 (Abb. 62). 82.
Nordstrand 54. 82. 83. 84.

Oberahnsche Felder 85.
Oland 50 (Abb. 58) bis 52 (Abb. 60). 82.
Oldesloe 2.
Old Oog 36.
Olversum 64.
Ording 75.
Orte 74. 75.
Oster-Ems 88.
Osterstaden 10. 85.
Ostfriesische Inseln 88 ff.
Ostfriesland 32 (Abb. 35). 33 (Abb. 36).
Otzumer Balje 88.
Ovenum 46 (Abb. 52). 82.

Pellworm 54. 56 (Abb. 64). 57 (Abb. 65). 82. 83. 84.
Pesel 82.
St. Peter 75.
Petermann 10 (Abb. 10).
Peters-Groden 18.
Peterswarf 82.
Pieperde 19.
Plinius 20.
Pohnshallig 82.
Polder 16.
Priele 27. 67 (Abb. 75). 76. 88.

Primärdünen 25.
Pulvererde 19.

Queller 9 (Abb. 9). 16.

Raketenapparat 28 (Abb. 30 u. 31). 60.
Randzel 88.
Rantum 39 (Abb. 43). 76. 79.
Rapakivi 7.
Reider Land 85.
Retum 12.
Reststrom 51.
Rettung Schiffbrüchiger 28 (Abb. 30) bis 29 (Abb. 32). 58.
Rettungsboot 29 (Abb. 32).
Rettungsstationen 58.
Riff 28.
Rodenäs 10.
Roter Sand 37. 64 (Abb. 72).
Rotes Kliff 76.
Rungholt 53. 59 (Abb. 66 u. 67). 83 f.
Rüstringen 85.
Rute Plate 88.

Salz 16.
Salzgehalt 12. 13. 23 (Abb. 25). 31. 32. 34. 38.
Salz-Sand 76.
Sand 10. 22. 23. 24. 28.
Sandpier s. Sandwurm.
Sandr 8.
Sandwurm (Arenicola) 18 (Abb. 21). 24.
Sanneper s. Sandwurm.
Scharhörn 85.
Schaum 38 ff.
Schelf 27.
Schill 65.
Schlamm 10.
Schlick 12. 16. 23. 28.
Schlickbank, Südliche 27.
Schlickschlitten 64.
Schobüll 8 (Abb. 8). 9. 10.
Schollen 14 (Abb. 16).
Schulau 12. 13. 84.
Schweiburg 19.
Schwimmkrabbe 11 (Abb. 12). 14 (Abb. 16).
Seegatt 88.
Seehundjagd 66.
Seeigel 16/17 (Abb. 19).
Seemoos 33 (Abb. 36). 65.
Seenelke 11 (Abb. 12).
Seepocken 11 (Abb. 11). 16/17 (Abb. 19).
Seerosen 15 (Abb. 18).

Seespinne 14 (Abb. 16).
Seestern 16/17 (Abb. 19). 62.
Seetorf 66.
Seewarte, Deutsche 36. 57. 70.
Seewolf 14 (Abb. 17).
Segeberg 2.
Sekundäre Düne 25.
Sengwarden 88.
Senkung des Bodens 17.
Silber 32.
Smint 19.
Soog 51.
Spiekeroog 19. 79 (Abb. 84). 89.
Springflut 49.
Stadland 10. 18. 85.
Stedingen s. Land Stedingen.
Steenodde 81.
Steinpicker 11 (Abb. 12).
Stein Plate 88.
Stade 2.
Strandhafer 19 (Abb. 22). 25.
Strandweizen 25.
Sturmfluten 52 ff. 54 ff.
Sturmflutkurven 26 (Abb. 28). 56.
Sturmflutwarnungen 57.
Sturmwarnungen 73.
Süder-Aue 76. 82.
Süder-Hever 76.
Süderhörn 82.
Süderoog 82.
Süder-Piep 76.
Südfall 9 (Abb. 9). 53. 82. 83. 84.
Südliche Schlickbank 27.
Südstrand (b. Wyk) 82.
Swinn Plate 88.
Sylt 4. 10. 19 (Abb. 22). 38 (Abb. 41) bis 39 (Abb. 43). 41 (Abb. 45) bis 43 (Abb. 48). 44 (Abb. 50). 45 (Abb. 51). 63. 76 ff.
Sylt-Außen-Riff 28.

Taschenkrebs 11 (Abb. 12).
Temperatur 22 (Abb. 24). 28 ff.
Terpen 20.
Tertiäre Düne 25.
Teutonen 53.
Thee Knobs 76.
Tidenhub 49.
Tiefen 26 ff.
Tiefs 27. 76. 88.
Tinnum 44 (Abb. 50).
Tönning 36. 64. 75.
Torf 66.
Toffens 88.
Trennewurth 20.
Treuberg 82.
Trias 3.
Trieschen 84.
Türken-Döör 88.
Tuul 66.
Twielenfleth 12.

Upleward 20.
Urstromtäler 8.
Utersum 81. 82.

Barel 85.
Begesack 67.
Vertikale Bewegung des Landes 26.
Vieland 85.
Vierlande 10.
Vogelfreistätten 66 (Abb. 74). 82. 89.
Vortrapp-Tief 76. 81.

Waddewarden 88.
Wangeroog 80/81 (Abb. 85). 81 (Abb. 86). 88/89 (Abb. 90). 89.
Wangeroog Grund 88.
Warfen, Warften 17 (Abb. 20). 20. 61 (Abb. 69).
Wasser, chemische u. physikalische Eigenschaft 28 ff.

Wasserläufer 39.
Wasserstandsvorausjagen 57.
Wasseruntersuchungen 12.
Watt 27. 67 (Abb. 75).
Weide 18.
Weißes Kliff 41 (Abb. 45).
Wellen 44 ff.
Wellhornschnecke 11 (Abb. 11 u. 12).
Wenningstedt 79. 80.
Werderland 10.
Werdum 20.
Werften s. Warfen.
Weser 36. 85.
Wesermarschen 10.
Wesermünde 68. 85.
Wesselburen 75.
Wester-Ems 88.
Westerland 42 (Abb. 47). 43 (Abb. 48). 72. 73. 76. 79. 80.
Wichter Ee 88.
Wierden 20.
Wilhelmshaven 26 (Abb. 28). 49. 71. 72. 85.
Wilseder Berg 1.
Wilster Marsch 10. 85.
Wind 71.
Wittdün 81.
Wittewierum 53.
Witte Kliff 78.
Witzwort 20.
Wöhrden 20.
Wobbenbüll 10.
Wühlerde 19.
Wührden, Land 10. 85.
Wüppenspell 13 (Abb. 14).
Wursten, Land 10. 20. 85.
Wurten s. Warfen.
Wyk 47 (Abb. 53 u. 54). 72. 82.

Zechsteinmeer 2.
Zementindustrie 3.
Zwischeneiszeiten 6.

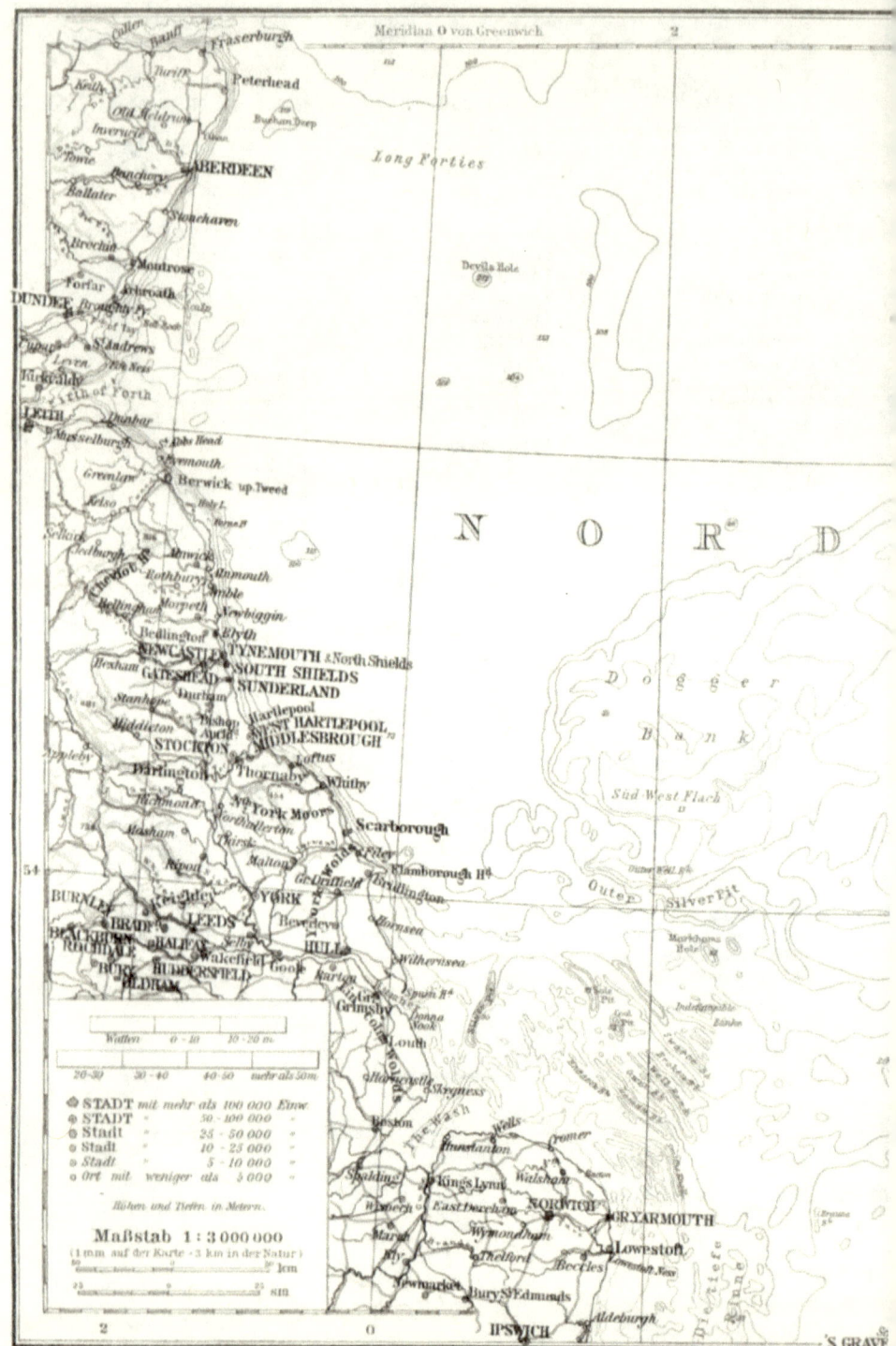

RDSEE

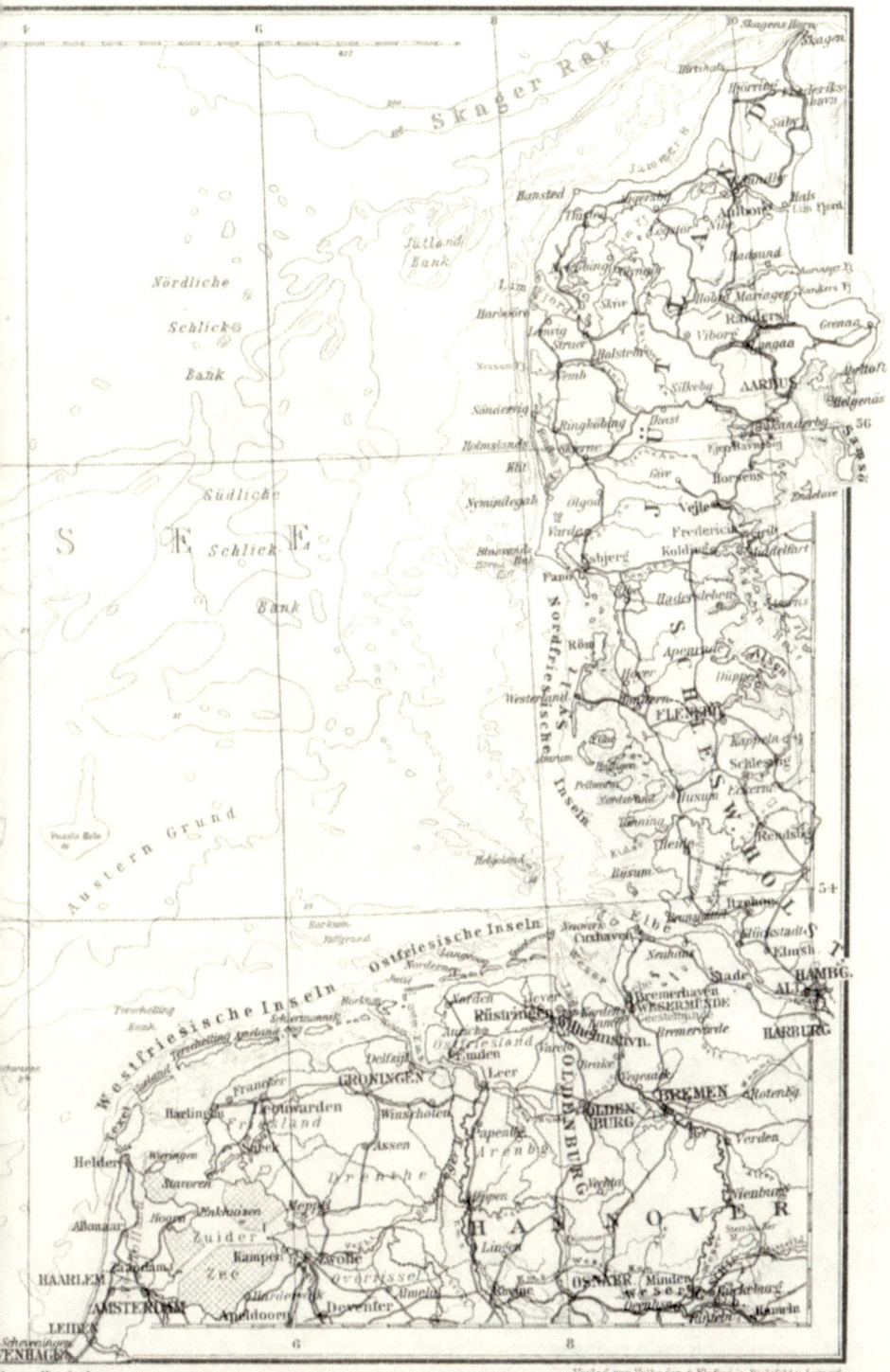

DIE DEUTSCHE BUCHT

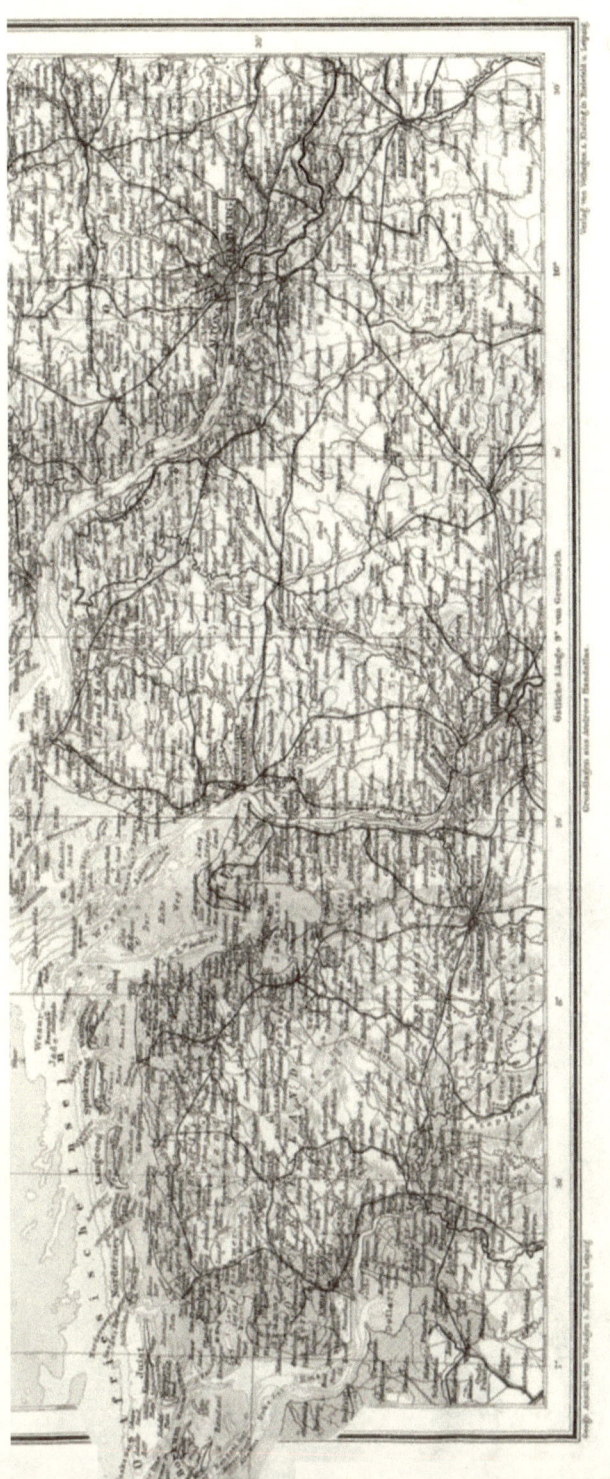

www.ingramcontent.com/pod-product-compliance
Lightning Source LLC
Chambersburg PA
CBHW021713230426
43668CB00008B/821